CONTRIBUTIONES JENENSES
Jenaer Beiträge zur Ökonomik
Band 11

Max-Planck-Institut für Ökonomik

Max-Planck-Institute of Economics

Manfred E. Streit

Reflexionen und Kommentare zur Wirtschaftspolitik

NOMOS Verlagsgesellschaft
Baden-Baden

Die Deutsche Nationalbibliothek verzeichnet diese Publikation in der Deutschen Nationalbibliografie; detaillierte bibliografische Daten sind im Internet über http://www.d-nb.de abrufbar.

ISBN 978-3-8329-4165-9

1. Auflage 2009

Vorwort

Der vorliegende Band hat zwei Teile. Teil I hat den Titel „Reflexionen zur Theorie der Wirtschaftspolitik“. Teil II trägt den Titel „Kommentare zur Ordnungspolitik in Deutschland 1987 – 2008“.

Die Beiträge in Teil I ergaben sich aus dem Bemühen, meine in 6. Auflage 2005 erschienene „Theorie der Wirtschaftspolitik“ (Stuttgart: UTB, Lucius & Lucius) durch themenbezogene Ergänzungen des genannten Lehrbuchs eine 7. Auflage vorzubereiten. Jedoch muss ich einräumen, dass das Bemühen aus editorischen Gründen scheiterte. Das veranlasst mich, die geplanten Ergänzungen in diesem Teil des Bandes vorzustellen. Die Ergänzungen folgen daher im Wesentlichen der Gliederung der 6. Auflage des Lehrbuchs und sollen der Orientierung des Lesers dienen. Am Ende jeden Beitrags habe ich entsprechende Literaturangaben gemacht.

Teil II enthält meine Kommentare zu ordnungspolititsch relevanten Vorgängen in Deutschland, beginnend 1987 und endend 2008. Sie wurden in der Frankfurter Allgemeinen Zeitung und im Handelsblatt veröffentlicht. Einige Kommentare reihen sich ein in eine Serie wirtschaftspolitisch orientierter Kommentare, die Mitglieder meiner Abteilung, „Institutionenökonomik und Wirtschaftspolitik“ im vormaligen Max-Planck-Institut zur Erforschung von Wirtschaftssystemen (nunmehr Max-Planck-Institut für Ökonomik) regelmäßig geschrieben und mehreren, in Ostdeutschland erscheinenden Tageszeitungen unentgeltlich angeboten haben. Dieses gemeinsame Bemühen, bei dem auch ich einiges lernen konnte, endete 2000 mit der Auflösung meiner Abteilung als Folge meiner Erkrankung.

Meiner Sekretärin in der mir eingerichteten Emerituseinheit des Max-Planck-Instituts für Ökonomik, Sandra Deichsel, und ihren Vertreterinnen Magdalena Kose und Karin Richter habe ich für die sorgsame elektronische Vorbereitung und Überwachung dieser Publikation zu danken. Ferner möchte ich der Max-Planck-Gesellschaft dafür danken, dass sie durch die Ausstattung meiner Emerituseinheit diese Veröffentlichung ermöglichte.

Jena, im Herbst 2008 — Manfred E. Streit

Inhalt

Teil II
Kommentare zur Ordnungspolitik in Deutschland 1987-2008

Teil I
Reflexionen zur Theorie der Wirtschaftspolitik

A. Dimensionen wirtschaftspolitischen Handelns

1. Wohlfahrtsökonomik – ein kritischer Rückblick

Im vorangegangenen Abschnitt (1.4) wurde die Wohlfahrtsökonomik als Versuch dargestellt, mit dem eine bestmögliche und umfassende Antwort auf die Grundfragen gesellschaftlichen Wirtschaftens (Abschn. 1.1.2) gefunden werden könnte. Dabei wurden bereits einige Vorbehalte gegenüber diesem Beantwortungsversuch geäußert, den zu verstehen und zu nutzen so manchen Studierenden geplagt haben müsste. Der so Geplagte mag Trost finden in einem resignierenden Eingeständnis, welches E.J. MISHAN (1965) vor gut vier Jahrzehnten machte (ebenda, S. 154, eigene Übers.): „Es ist ein Gegenstand, an dem man offensichtlich einige Zeit herumpfuscht, ihn verlässt, um vielleicht später, einem gequälten Gewissen folgend, zurückzukehren." Wie wenig umfassend die Antwort auf die Grundfragen ist, ergab sich, als seine Grenzen aufgezeigt wurden (Abschn. 1.3). Neues, bisher Unbekanntes kann denknotwendig nicht in das Optimierungskalkül einbezogen werden. Die Frage nach der Standortverteilung der Ressourcen und Aktivitäten musste offen bleiben. Schließlich blieb auch die Verteilungsfrage, nach dem „Für Wen", durch den wohlfahrtsökonomischen Ansatz grundsätzlich unbeantwortet, obwohl es bei einer marktwirtschaftlichen Ordnung durchaus noch größere Vorbehalte gibt (Abschn. 5.4) und sie analytisch unzugängliche interpersonelle Nutzenvergleiche voraussetzt. Diese Voraussetzung belastet auch die Bewertung der gefundenen Antworten auf die ökonomischen Grundfragen, d.h. die gesellschaftliche Wohlfahrtsfunktion (Abschn. 1.3.2) und – damit verknüpft – die Wohlfahrtskriterien, benannt nach ihren „Erfindern", von Pareto über Scitovsky bis Kaldor und Hicks. Die Suche nach derartigen Kriterien erwies sich als intellektuell stimulierend, verursachte äußerst feinsinnige Bemühungen und musste an der Beliebigkeit und Unzugänglichkeit von Werturteilen scheitern, die damit verbunden waren. Kenneth BOULDING (1958, 8) verglich die Wohlfahrtsfunktion mit „Wohlfahrtsastronomie" und Lord Robbins (1976, 3f.) verwies auf ihre „sehr beträchtlichen Beschränkungen".

Besonders auffällig ist, dass, wenn auch unreflektiert und durch das deduktive Vorgehen verständlich, mit dem wohlfahrtsökonomischen Analysen die Position eines externen Beobachters eingenommen wird, der über alles Wissen verfügt, das zur Lösung seines Optimierungsproblems erforderlich ist. Kein Geringerer als Friedrich A. HAYEK (1946, 120) kritisierte dieses Vorgehen wie folgt: „Anzunehmen, dass alle Kenntnis einem Einzelnen gegeben ist (in derselben Weise, die wir annehmen, dass sie uns als den erklärenden Nationalökonomen gegeben ist), heißt das Problem schon in den Annahmen auszuschalten und das zu vernachlässigen, was in der realen Welt wichtig und bedeutsam ist."

Der kritisierte wohlfahrtsökonomische Ansatz erwies sich in der Diskussion über Wirtschaftsordnungen als sehr problematisch. Er suggerierte nämlich eine Planbarkeit und Rechenhaftigkeit des ökonomischen Geschehens und kam so Befürwortern einer sozialistischen Planwirtschaft entgegen. Der inzwischen eingetretene dramatische Zusammenbruch sozialistischer Systeme dürfte jene schwer getroffen haben, die eine Planbarkeit von ökonomischen Systemen behaupteten und dem sogenannten Marktsozialismus als „Drittem Weg" nahe standen. Jedenfalls dürften derartige Vorstellungen sowohl empirisch als auch theoretisch widerlegt sein (STREIT, 1992/1995).

Literatur

Boulding, K.E. (1958), Principles of Economic Policy, Maruzen Asian Edition, Englewood Cliffs, N. Z.: Prentice Hall.

Hayek, F.A. (1936), Die Verwertung des Wissens in der Gesellschaft, in: ders.: Individualismus und Wirtschaftliche Ordnung, Erlenbach-Zürich: Eugen Rentsch Verlag, S. 103-121.

Mishan, E.J. (1965), A Survey of Welfare Economics 1939-1950, in: Surveys of Economic Theory – Money, Interest and Welfare, New-York: St. Martin's Press.

Robbins, Lord (1976), Political Economy, Past and Present – A Review of Leading Theories of Economic Policy, London and Basingstoke: Macmillan Press.

Streit, M.E. (1992/1995), Wohlfahrtsökonomik, Wirtschaftsordnung und Wettbewerb; in: Freiburger Beiträge zur Ordnungsökonomik, Tübingen: Mohr Siebeck, S. 3-28.

A1. Ordnung

2. Ordnungsökonomik und Systemtheorie

In den vorangegangenen Abschnitten (Teil 1)standen die Ordnungsprobleme gesellschaftlichen Wirtschaftens im Vordergrund. Ordnungen gesellschaftlichen Wirtschaftens können als Muster verstanden werden, die als Folgen von wirtschaftlichen Handlungen individueller Akteure entstehen (STREIT, 2001, 11). Aus einer systemtheoretischen Sicht verstand HAYEK (2003, 38) unter Ordnung „einen Zustand, in dem verschiedenartige Elemente in großer Zahl so aufeinander bezogen sind, dass die Kenntnis eines räumlichen und zeitlichen Teils des Ganzen uns erlaubt, richtige Erwartungen, hinsichtlich des Übrigen zu bilden oder zumindest Erwartungen, die sich mit erheblicher Wahrscheinlichkeit als richtig herausstellen." Die große Anzahl verschiedenartiger Elemente, die aufeinander bezogen sind, also interagieren, kennzeichnet ein System im Sinne einer „Anzahl von in Wechselwirkung stehenden Elementen", wie es der Nestor der Allgemeinen Systemtheorie, Ludwig von BERTALANFFY (1949, 113, zit. n. STREIT, 2004, 33) definierte. Ökonomisch gesehen resultiert die Wechselwirkung oder Interaktion in einem marktwirtschaftlichen System aus den Tauschhandlungen der Akteure. Es ist ein System von organisierter (interaktionaler) Komplexität. Seine Komplexität ergibt sich aus der Interaktion einer Vielzahl unterschiedlicher Akteure. Deren Verhalten wird durch Institutionen, d.h. durchsetzbare Regeln (konkret: des Privatrechts), beschränkt, was die Bildung von Erwartungen über ihr Verhalten erleichtert. Soweit sich die Akteure durch Tauschhandlungen oder Transaktionen bei der Realisierung ihrer individuellen Wirtschaftspläne koordinieren, bedeutet dies, dass das System sich selbst koordiniert. Zur Selbstkoordination durch Transaktionen kommt simultan die systemische Selbstkontrolle durch Wettbewerbshandlungen als Folge der individuellen Suche nach dem bestmöglichen Transaktionspartner und Transaktionsobjekt. Hieraus ergeben sich nicht nur Anreize, transaktionsrelevantes Wissen zu erwerben und es mit persönlichem Geschick zum ökonomischen Überleben zu nutzen. Vielmehr geben die Transaktionen Informationen an andere weiter und zwar in der „verschlüsselten Form" (HAYEK, 2003, 268) von Preisen. Wenn diese die Akteure unter Berücksichtigung ihrer persönlichen Umstände entschlüsseln und zu weiteren Transaktionen nutzen, tragen sie zur Verbreitung handlungsrelevanter Information bei. Die Vorteilhaftigkeit der Entschlüsselung kann durchaus auf Irrtümern anderer beruhen. Diese geraten durch die ausgelösten Transaktionen unter Druck, den Irrtum zu korrigieren. Im Ergebnis kontrolliert und korrigiert sich das System selbst. Eine weitere Eigenschaft des marktwirtschaftlichen Systems ergibt sich daraus, dass die Akteure bei ihren Wettbewerbshandlungen kreativ sein können. Inventionen und aus ihrer Anwendung resultierende Innovationen beinhalten überraschende Handlungen, die das System offen sein lassen. Dies wiederum hat zur Folge, dass Kausalitäten im Systemgeschehen von einem Beobachter kaum aufgespürt werden können. Das lässt marktwirtschaftliche Systeme, die in diesem Sinne offen und interaktiv komplex sind, analytisch schwer zugänglich erscheinen. Wer sich ihnen mit einem Vorverständnis von Ordnung als einem systematisch herbeigeführten Ergebnis nähert, wie es für eine Organisation typisch ist, müsste das marktwirtschaftliche Geschehen und seine Ordnung als Chaos missdeuten, wie dies Friedrich Engels tat, als er diese Ordnung durch eine planmäßige, bewusste Organisation ersetzt wissen wollte.

Literatur

Bertalanffy, L.V. (1949), Zu einer allgemeinen Systemlehre, Biologia Generalis, Bd. 19, S. 114-129.

Hayek, F.A. (2003), Recht, Gesetz und Freiheit, Gesammelte Schriften in deutscher Sprache, Bd. B4, hrsg. v. V. Vanberg, Tübingen, Mohr Siebeck.

Streit, M.E. (2001), Ordnungsökonomik, in ders. (Hrsg.): Jenaer Beiträge zur Institutionsökonomik und Wirtschaftspolitik, Contributiones Jenenses; Bd. 8, Baden-Baden: Nomos, S. 1-59.

Streit, M.E. (2003/2004), Von der Ordnungsökonomik zur Systemtheorie, in: ders. (Hrsg.), Jenaer Beiträge zur Wirtschaftstheorie und Wirtschaftspolitik, Contributiones Jenenses; Bd. 9, Baden-Baden: Nomos, S. 11-30.

3. Wirtschaftsordnung und Wettbewerbsfolgen

Mit der Ordnungsfrage nach Kontrolle und Sanktion wurden der Wettbewerb (Abschn. 3.3) und dessen Wirkungen angesprochen, nämlich der Ausgleich von Knappheitsunterschieden, der Anreiz zu Neuerungsleistungen und die machtbegrenzende Kontrolle der Wahrnehmung wirtschaftlicher Freiheitsrechte.

Systemtheoretisch gesehen bewirkt Wettbewerb eine Selbstkontrolle des marktwirtschaftlichen Systems. Die wettbewerbliche Selbstkontrolle wird durch das Recht gesichert. Ein Wettbewerbsrecht ist notwendig, weil nicht ausgeschlossen werden kann, dass

- Wettbewerber durch unfaire Praktiken statt durch bessere Leistungen am Markt verdrängt werden;
- die Vertragsfreiheit von Akteuren zur Beschränkung von Wettbewerbshandlungen durch andere missbraucht wird;
- die wechselseitige Abhängigkeit von Akteuren zu einer einseitigen degeneriert, wenn Monopolstellungen langfristig erhalten bleiben, ohne dass neue Substitute entstehen.

Wenn die systemische Selbstkontrolle wirksam sein soll, ist Wissen über alternative Verwendungsmöglichkeiten von Ressourcen erforderlich. Aus dieser wissensorientierten Sicht ist Wettbewerb ein Prozess, in dessen Verlauf

- Wissen über Substitutionsmöglichkeiten (d.h. Alternativkosten) entdeckt und verbreitet wird;
- Kontrolle über die Verwendung von Handlungsrechten durch aktuelle und potentielle Tauschpartner ausgeübt wird;
- Anreize zur Überprüfung der bisherigen Verwendung von Handlungsrechten durch pekuniäre externe Effekte von Transaktionen gegeben werden (STREIT 1992/2008)

Wettbewerb wird von dem durch Wettbewerbshandlungen Betroffenen i.d.R negativ beurteilt, was sie zu wettbewerbswidrigen Abwehrreaktionen veranlasst. Auch die häufigen Klagen und angesonnenen Abwehrmaßnahmen gegenüber dem, was Globalisierung genannt wird, sind so zu deuten. Im Grunde verbirgt sich hinter diesem Phänomen die wettbewerbliche Suche nach einer bestmöglichen weltweiten Verteilung von Produktionsstandorten sowie – damit verbundenen – Anlagemöglichkeiten für Kapital. Mit dieser Suche werden Unterschiede zwischen den nationalen Wirtschaftsverfassungen als Standortbedingungen für weltweit agierende Investoren aufgespürt und genutzt. Die Nutzung und die damit verbundenen vielfach beklagten Faktorwanderungen sind Symptome dafür, was als internationaler Standortwettbewerb bezeichnet wird. Da die ihn auslösenden Unterschiede zwischen den nationalen Wirtschaftsverfassungen Unterschiede zwischen Institutionensystemen sind, kann das Phänomen auch als institutioneller bzw. Systemwettbewerb (STREIT, KIWIT, 1999/2001) bezeichnet werden. Seine Wirkung dürfte dem binnenwirtschaftlichen Wettbewerb durchaus ähnlich sein. So wie dieser ökonomische Schwächen von Wettbewerbern aufdeckt, gilt dies im Grunde auch für den Systemwettbewerb. Der Systemwettbewerb kann als Test auf Marktkonformität nationaler Institutionensysteme angesehen werden. Mit ihm werden entsprechende Mängel in den Institutionensystemen aufgedeckt, die auf politisch motivierte Markteingriffe zurückgeführt werden können. Die aufgedeckten Mängel werden dann zum Anlass für Reformen genommen, wobei ihre Verursachung von den dafür Verantwortlichen im Dunkeln gelassen und die Globalisierung sowie mit ihr der Systemwettbewerb als Bedrohung politisch verunglimpft werden.

Literatur

Hoppmann, E. (1988), Wirtschaftsordnung und Wettbewerb, Baden-Baden: Nomos.

Streit, M.E. (1992/2008), Das Wettbewerbskonzept der Ordnungstheorie; in: N. Goldschmidt, M. Wohlgemuth (Hrsg.), Grundtexte zur Freiburger Tradition der Ordnungsökonomik, Tübingen: Mohr Siebeck, S. 663-698.

4. Der Rechtsstaat – ein vergessenes Ideal

Der Rechtsstaat gilt als „Ideal der liberalen Bewegung“ (HAYEK 1971/2005, S. 274). Häufig wird er auch mit Begriffen verbunden wie „Herrschaft des Gesetzes“ (rule of law) und „Regierung unter dem Gesetz“ (government under the law)[1].

Mit der „liberalen Bewegung“ wird auf eine in der europäischen Kultur verhaftete Gesellschaftsvorstellung verwiesen, welche normativ die individuelle Freiheit und Selbstverantwortung betont. Ihr Ursprung ist im klassischen Athen (bei der Stoa) und – als Übernahme- im römischen Kaiserreich (bei Cicero) zu finden. In Deutschland ist das Freiheitsideal mit den Namen Immanuel Kant, Wilhelm von Humboldt und Friedrich Schiller eng verbunden.

Die Bewegung entwickelte sich im 17. Jahrhundert aus dem Widerstand gegen den Absolutismus. Der Bewegung kam es darauf an, die staatliche Herrschaft zum Schutz der Bürger unter das Gesetz als gerichtlich durchsetzbare Regel zu stellen (government under the law). In England entwickelte sich daraus die rule of law als ein Vorläufer des Ideals des Rechtsstaates.

Rechtsstaatlichkeit (Abschn. 2.4.2) ist durch ein zentrales ordnungsrelevantes Prinzip gekennzeichnet, die Gleichheit der Gesetze für alle Personen und Fälle (HAYEK 1953/2002, S. 40), die Isonomie. Sie kann als Teil dessen angesehen werden, was als Universalisierbarkeit von Regeln unter Informationsaspekten bezeichnet wird (Abschn. 3.6.1). Das bedeutet, dass Rechtsregeln (1) allgemeingültig sind, also ausnahmslos und unbefristet auf alle Akteure Anwendung finden sollen, (2), offen sind, in dem sie nur spezifische Handlungen untersagen und damit eine unbekannte Zahl von Handlungsmöglichkeiten zulassen sollen, (3) bestimmt sind, also nur solche Handlungen untersagen sollen, die zu kennen oder festzustellen von den Betroffenen erwartet werden kann.

Ordnungsrelevant wird die Isonomie im Falle von gesellschaftlichen Ordnungen, die aus dem Zusammenwirken oder der Interaktion von vielen Akteuren hervorgehen. Durch Isonomie geprägte Regeln erlauben es dem einzelnen Akteur, verlässliche Erwartungen über das Verhalten anderer zu bilden, indem er ausschließen kann, mit welchem Verhalten nicht zu rechnen ist. Beispiel hierfür ist das Privatrecht, nach dem sich das Verhalten der Akteure bei Markthandlungen richtet. Insofern hat das Privatrecht eine koordinationsbezogene, kanalisierende Wirkung.

Für die Entwicklung von Wohlfahrtsstaaten war charakteristisch, dass das Prinzip der Isonomie vielfach und häufig durchbrochen wurde. Das geschah auch in Deutschland und wurde mit dem unbestimmten Ziel der „sozialen Gerechtigkeit“ begründet. Ansatzpunkte für die im Namen dieses Ziels erhobenen politischen Forderungen sind wahrgenommene oder behauptete Unterschiede zwischen Markteinkommen und da-

1 Auch LEONI (1951, S. 58) bezieht sich mit seinen Ausführungen zu „freedom and the rule of law“ auf eine Vorarbeit von HAYEK (1955), mit der dieser seine „Verfassung der Freiheit“ und seine dortigen Ausführungen zum Rechtsstaat (1971/2005, Kap. 13) ankündigt.

mit verbundene Unterschiede zwischen sozioökonomischen Positionen von Personen und Gruppen. Daraus ist nur zu leicht die Forderung nach einer Angleichung der Unterschiede durch Umverteilung ableitbar. Die Forderung selbst ist ökonomisch schlicht unsinnig; denn in einer marktwirtschaftlichen Ordnung gibt es niemanden außer dem Staat als Zahler von Transfers, der Einkommen verteilt. Das in einer Periode von einem Akteur erzielte Markteinkommen wurde nämlich durch Markthandlungen einer Vielzahl anderer Marktteilnehmer mitbestimmt, die dabei aus Selbstinteresse bemüht waren, allen Umständen Rechnung zu tragen, die sie für ihr Wirtschaften als wichtig erachteten und die nur sie kennen konnten. Weil es sich bei der marktwirtschaftlichen Ordnung um eine ungeplante, spontane Ordnung handelt, können die Einkommen als Ordnungsfolgen niemandem als Verursacher angelastet werden. Ursächlich verantwortlich ist nur der einzelne Akteur im Sinne seiner Selbstverantwortung.

Unbeschadet dieses fundamentalen Einwands wird immer wieder versucht, als ungleich Beurteiltes durch Ungleichbehandlung mit Mitteln des Rechts anzugleichen. Mit dieser Ungleichbehandlung oder Diskriminierung wird das Prinzip der Isonomie im Namen der sozialen Gerechtigkeit durchbrochen. Sein ephemerer Gebrauch wurde in Deutschland daran erkennbar, dass Gesetzesvorhaben erst mit einer so genannten „sozialen Komponente“ zustimmungsfähig gemacht wurden. Vom Gesetzgeber angestrebte Veränderungen in den individuellen Lebensumständen hatten aus dem gleichen Grund „sozialverträglich“ zu sein. Mit derartigen Gesetzen konnte auf Zustimmung im Parlament und in der Bevölkerung gerechnet werden. Mit der Begründung, sie förderten die soziale Gerechtigkeit, wurde tabuisierend an einen verbreiteten Atavismus appelliert, „das heißt auf die Anwendung von Gefühlen auf eine Großgesellschaft, die wir in Hunderten von Tausenden von Jahren des Lebens in der kleinen Gruppe oder Horde entwickelt hatten“. (HAYEK 1976/2004, S. 188).

Mit der problematischen Begründung, es diene der sozialen Gerechtigkeit, wird das Formalrecht im Interesse von als schutz- der fürsorgebedürftig beurteilten Personen und Gruppen materialisiert oder „sozial gebunden“, indem Handlungsrechte eingeschränkt (reguliert) und generell die Vertragsfreiheit (z.B. im Miet-, Arbeits- und Gewerberecht) zugunsten von Personen und Gruppen korrigiert wird. Das führt zu einer „Reethisierung des Privat- und Wirtschaftsprivatrechts“ (REUTER 1994, S. 352ff.) sowie zu einer Änderung der Rechtsauffassung. Die Gleichbehandlung durch das Recht ist der mit „sozial“ begründeten Diskriminierung gewichen. Die durch das Recht Begünstigten haben die ökonomischen Folgen der Diskriminierung zu ihren Gunsten zu tragen, wie der gesetzliche Kündigungsschutz lehrt; die so Geschützten, z.B. ältere Arbeitnehmer, stellen bei ihrer Einstellung ein Risiko dar, womit sich die Chancen bei einem Wechsel der Beschäftigung verringern, ohne dass dies bei den politisch Verantwortlichen so gesehen wird, die den Schutz im Namen der sozialen Gerechtigkeit und mit dem Blick auf anstehende Wahlen verursacht haben. Der politische Missbrauch dieser Gerechtigkeitsnorm zu Wahlkampfzwecken ist für Deutschland empirisch belegbar (VAUBEL 1991). Die so genannten sozialen Errungenschaften, die in den vergangenen Jahren Gegenstände von Reformbemühungen, weil nicht finanzierbar, waren, lassen sich, beginnend mit dem Betriebsverfassungsgesetz von 1953 und endend mit der gesetzlichen Pflegeversicherung von 1995 als Wahlgeschenke der jeweils regierenden Partei oder Koalition identifizieren. Sie mussten, politisch riskant, wieder eingesammelt, zumindest aber im Wert gemindert werden, ohne dass dies weitere Wahlgeschenke durch bessere Einsicht der vormals Schenkenden verhindert hätte.

Die Ordnungsfolgen der Durchbrechung des rechtsstaatlichen Prinzips der Isonomie wurden von den politisch Verantwortlichen willentlich oder unwillentlich vergessen. Das liegt wohl daran, dass sich die ökonomischen Folgen dieses Prinzipienverstoßes erst mit Verzögerung einstellen[2] und es daher schwierig wird, sie auf den oder die politischen Verursacher zurückzuführen. Ferner wird eine solche Ursachenzurechnung dadurch erschwert, dass Marktwirtschaften, systemtheoretisch betrachtet, interaktiv komplex und offen sind. Deshalb lassen sich einfache Kausalitätsbeziehungen nur schwer identifizieren. Das begünstigt eine verschleiernde politische Diskussion über Verursachung. Bemühungen, über ordnungspolitisches Fehlverhalten aufzuklären, werden mit dem auf Unkenntnis spekulierenden Attribut „neoliberal" belegt (STREIT 2006). Sofern Personen und Gruppen von den Ordnungsfolgen negativ betroffen werden, kann wiederum das Schlagwort der sozialen Gerechtigkeit bemüht werden, um ihnen ordnungswidrige Hilfe zukommen zu lassen. Eine Interventionsspirale zeichnet sich ab, die geeignet ist, das marktwirtschaftliche System wachstums- und beschäftigungsschädigend zu erodieren und zu diskreditieren. Das dürften die laufenden Umfragen zur Wirtschaftsordnung Deutschlands belegen. Für die dabei auftretende Sprachverwirrung ist charakteristisch, dass die marktwirtschaftliche Ordnung mit der Sozialen Marktwirtschaft als wirtschaftspolitische Konzeption selbst von Politikern vermutlich aus Unkenntnis verwechselt wird. Dabei werden der Rechtsstaat und sein ordnungsrelevantes Prinzip, weil politisch opportun, verloren und vergessen.

Literatur

Hayek, F.A. (1953/2002), Entstehung und Verfall des Rechtsstaatsideals; in ders.: Grundsätze einer liberalen Gesellschaftsordnung – Aufsätze zur Politischen Philosophie und Theorie, Gesammelte Schriften in deutscher Sprache, hrsgg. v. V. Vanberg, Tübingen: Mohr Siebeck, S. 39-62.

Hayek, F.A. (1955), The Political Ideal of the Rules of Law, Cairo: National Bank of Egypt.

Hayek, F.A. (1967/2003), Rechtsordnung und Handelnsordnung – Bd. A4 Aufsätze zur Ordnungsökonomik, Gesammelte Schriften in deutscher Sprache, Bd. A4, hrsgg. v. M.E. Streit, Tübingen: Mohr Siebeck, S. 35-73.

Hayek, F.A. (1971/2005): Die Verfassung der Freiheit, Gesammelte Schriften in deutscher Sprache, Bd. B3, hrsgg. v. A. Bosch und R. Veit, Tübingen: Mohr Siebeck.

Hayek, F.A. (1976/2004), Die Illusion der sozialen Gerechtigkeit; in: ders. Wissenschaft und Sozialismus – Aufsätze zur Sozialismuskritik, Gesammelte Schriften in deutscher Sprache, Bd. A7, hrsgg. v. M.E. Streit, Tübingen: Mohr Siebeck, S. 186-196.

---

2 Beispiele sind Erhaltungssubventionen, die auf Druck von Lobbyisten legitimiert werden, und Regulierungen zu Gunsten einzelner Berufsgruppen. Sie bewirken auf mittlere Sicht eine Behinderung des Wettbewerbs mit negativen Wachstums- und Beschäftigungsfolgen.

Leoni, B. (1951), Freedom and the Law, erw. 3. Aufl., Indianapolis: Liberty Fund.

Mestmäcker, E.J. (2007), A Legal Theory without Law, Walter Eucken Institut, Beiträge zur Ordnungstheorie und Ordnungspolitik, Bd. 174, Tübingen: Mohr Siebeck.

Reuter, D. (1994), Freiheitsethik und Privatrecht; in: W. Möschel, M.E. Streit, U. Witt (Hrsg.): Marktwirtschaft und Rechtsordnung, Baden-Baden: Nomos, S. 349-356.

Smith, A. (1759/2005), Untersuchung über Wesen und Ursachen des Reichtums der Völker, hrsgg. v. E. W. Streissler, Tübingen: Mohr Siebeck.

Streit, M.E. (2005), Theorie der Wirtschaftspolitik, 6. Aufl., Stuttgart: Lucius & Lucius.

Streit, M.E. (2006), Der Neoliberalismus – Ein fragwürdiges Ideensystem? ORDO, Bd. 57, S. 91-98.

Vaubel, R.. (1991), Der Missbrauch der Sozialpolitik in Deutschland – Historischer Überblick und Politisch-Ökonomische Erklärung; in: G. Radnitzky. H. Bouillon (Hrsg.): Ordnungstheorie und Ordnungspolitik; Berlin, Paris, Tokyo: Springer.

Zippelius, R. (1978), Allgemeine Staatslehre, München, Beck.

5. Ein Fall internationaler Ordnungspolitik: Die europäische Integration

Als am 25.03.1957, also vor einem halben Jahrhundert, der Vertrag zur Gründung der Europäischen Wirtschaftsgemeinschaft (EWGV), dem Vorläufer der Europäischen Union, von Vertretern Belgiens der Bundesrepublik Deutschland, Frankreichs, Italiens, Luxemburgs und der Niederlande unterzeichnet wurde, war ein Beispiel internationaler Ordnungspolitik gesetzt, mit dem die gelenkten Marktwirtschaften der Signatarstaaten integriert werden sollten. Ökonomisch gesehen stellte die so geschaffene Gemeinschaft der Sechs eine Zollunion dar, d.h. es wurden Freihandel zwischen den Mitgliedsländern und ein gemeinsamer Außenzoll vereinbart. Damit sollten die handelschaffenden Wirkungen des Wettbewerbs und seine Entwicklungsimpulse erschlossen werden, die mit einem Wegfall der zwischenstaatlichen Handelshemmnisse verbunden sein dürften. Die erwartbaren handelsumlenkenden Wirkungen zu Lasten von Drittländern wurden dabei in Kauf genommen, womit der Praxis nach dem Allgemeinen (weltweiten) Zoll- und Handelsabkommen (GATT) von 1948 entsprochen wurde. Der ordnungspolitisch relevante Kern des EWGV bestand aus der Kodifizierung von Grundfreiheiten und von Wettbewerbsregeln (STREIT/MUSSLER, 1996/2001, S. 405). Die Grundfreiheiten betrafen die Regelungen über den freien Warenverkehr zwischen den Mitgliedstaaten (Artt. 9-30ff.), die Freizügigkeit (Artt. 48-51), die Niederlassungsfreiheit (Artt. 67-73). Zusammen genommen konstituierten die Freiheiten das, was der Gemeinsame Markt genannt wird. Eine interventionistische Ausnahme davon ist noch heute der Gemeinsame Agrarmarkt (Art. 39 EWGV). Das zum Gemeinsamen Markt komplementäre Wettbewerbsrecht des EWGV richtet sich gleichermaßen an die Mitgliedstaaten wie an die privaten Wirtschaftssubjekte, vor allem an die Unternehmen in den Mitgliedstaaten. Soweit es sich an die Mitgliedstaaten selbst richtet, ergänzt es die Grundfreiheiten. Die Bindung der Mitgliedstaaten an die Grundsätze des Gemeinsamen Marktes wird durch zwei Regelungen bekräftigt, die eine Wettbewerbsverfälschung aufgrund von Interventionen der Mitgliedstaaten verhindern sollen. Einmal durch das Verbot mitgliedstaatlicher Beihilfen (Subventionen), die als wettbewerbsverfälschend anzusehen sind. Zum anderen geht es im Wesentlichen darum, die Mitgliedstaaten an einer wettbewerbsrechtlichen Privilegierung ihrer öffentlichen Unternehmen zu hindern (Art. 90 EWGV). Demgegenüber sollen zwei Arten von Wettbewerbsregeln private Wettbewerbsbeschränkungen verhindern: (1) ein Verbot von Kartellen und vergleichbaren Absprachen (Art. 85 EWGV) und (2) ein Verbot des Missbrauchs marktbeherrschender Stellungen (Art. 86 EWGV). Die Wettbewerbsregeln sind insofern problematisch, als ungeklärt ist, ob sie auch für die Organe der Gemeinschaft (z.B. Kommission und Ministerrat) rechtsverbindlich sind. Darüber hinaus lässt der Vertrag ungeklärt, ob sich die EG-Bürger auch auf die Grundfreiheiten rechtswirksam berufen können, wenn sie von den Gemeinschaftsorganen eingeschränkt werden.

Zusammenfassend stellt der EWGV von 1957 das zentrale Verfassungsdokument der europäischen Integration dar. An ihn konnten die später vereinbarten Ergänzungen wie die Einheitliche Europäische Akte und der Vertrag von Maastricht (1997) anknüpfen. Allerdings dürfte dabei von den beiden Integrationsstrategien, Integration durch Wettbewerb und Integration durch Intervention (STREIT/MUSSLER, 1996/2001) die letztere begünstigt worden sein. Ferner schlugen Versuche der Gemeinschaft wiederholt fehl, dem Integrationsgebilde Staatlichkeit durch Verzicht auf nationalstaatliche Souveränitätsrechte zu verleihen.

Literatur

Ohr, R. (Hrsg, 1996), Europäische Integration, Stuttgart, Berlin, Kohlhammer.

Mussler, W. (1998), Die Wirtschaftsverfassung der Europäischen Gemeinschaft im Wandel – Von Rom nach Maastricht, Baden-Baden: Nomos.

Siebert, H. (Hrsg., 1997), Quo Vadis Europe?, Tübingen, Mohr Siebeck.

Streit, M.E., W. Mussler (1996/2001), Wettbewerb der Systeme und das Binnenmarktprogramm der Europäischen Union, in: M.E. Streit (Hrsg.), Jenaer Beiträge zur Institutionenökonomik und Wirtschaftspolitik, Contributiones Jenenses, Bd. 8, Baden-Baden: Nomos, S. 420-447.

A2. Stabilisierung

6. Konjunktur: Ein schillerndes unzugängliches Phänomen

Ansatzpunkt für die vorangestellten Begründungen eines wirtschaftspolitischen Handlungsbedarfs (Abschn. 4.1)waren mittelfristige Sachwankungen in einer Reihe güter- und geldwirtschaftlicher statistischer Aggregate, die mit der Industrialisierung beobachtet und deren vermutetes Muster als Konjunktur gedeutet wird. Die Suche nach ökonomischen Erklärungen für dieses Muster war erfolglos. Es musste eingeräumt werden, dass es eine überzeugende, empirisch bewährte Erklärung dessen nicht gibt, was als Konjunkturgeschehen gilt. Dennoch wird in der wirtschaftspolitischen Diskussion wiederholt so getan, als existierte dieses Muster tatsächlich. Veränderungen in statistischen Aggregaten wie Sozialprodukt, Beschäftigung Sozialversicherungspflichtiger, Auftragseingang bei der Industrie werden mit Begriffen bedacht, die konjunkturtheoretischen Vorstellungen entlehnt sind, wie z.B. Aufschwung, Abschwung, Rezession, Hochkonjunktur. Die Fixierung auf Symptome eines unbekannten und unfasslichen Phänomens erinnert sehr an ein „Grinsen ohne Katze“ in Anlehnung an Lewis Carroll's „Alice im Wunderland“. Wenn es dennoch zu als konjunkturpolitisch deklarierten Aktivitäten kommt, so dürfte dies politisch ökonomisch erklärbar sein. Das Phänomen und seine statistischen Symptome sowie ein verbreiteter Glaube daran, der durch die Große Depression in der Zwischenkriegszeit des vergangenen Jahrhunderts, aber noch durch Erfahrungen in den beiden ersten Jahrzehnten der Bundesrepublik Deutschland und deren konjunkturelle Deutung geprägt ist, bewirkt die Unterstützung von binnenwirtschaftlichem konjunkturpolitischem Aktionismus. Die stabilisierungspolitische Fixierung in der Folge des Stabilitäts-und Wachstumsgesetzes von 1967 dürfte auch erklären, warum die Beschäftigungsprobleme der 80iger und 90iger Jahre des vergangenen Jahrhunderts in Deutschland stabilisierungspolitisch fehlgedeutet und die Fernwirkungen früherer wirtschafts- und sozialpolitischer Fehlleistungen übersehen wurden, die nunmehr Gegenstände mühsamer, politisch wenig einträglicher Reformen sind. Was verwundert, ist, dass die konjunkturpolitischen Begrifflichkeiten weiterhin die laufende Diskussion des ökonomischen Geschehens dominieren. So bleibt es beim „Grinsen ohne Katze“: „Well, I've often seen a cat without a grin, but a grin without a cat. It's the most curious thing I ever saw in all my life.”

Literatur

Haberler, G. v. (1956), Bemerkungen zum gegenwärtigen Stand der Konjunkturtheorie, in: ders. Prosperität und Depression – Eine theoretische Untersuchung der Konjunkturbewegung, Tübingen: Mohr Siebeck, S. 535-549.

Haberler, G. v. (1975), Wirtschaftswachstum und Stabilität, Wirtschaft und Wirtschaftpolitik im Wandel, Zürich: Verlag Moderne Industrie, insbes. Kap. 3.

Leijonhufvud, A. (1981), Information and Coordination – Essays in Macroeconomic Theory, New-York, Oxford, Oxford University Press.

A3. Verteilung

7. Verteilungsprobleme – dubiose wirtschaftspolitische Anlässe

Unterschiede zwischen persönlichen Markteinkommen und die damit verbundenen Unterschiede zwischen sozioökonomischen Positionen von Individuen und Gruppen sind immer wieder Anlässe für politische Eingriffe mit dem Ziel der Angleichung, begründet mit klärungsbedürftigen Gerechtigkeitsvorstellungen. Die politische Zustimmung, auf die solche Interventionen stoßen, dürfte auf einem Motiv beruhen, welches sich konfliktträchtig durch die Geschichte der Menschheit zieht, dem Neid. Selbst geringe Unterschiede zwischen Markteinkommen lösen ihn aus. Nur wenig überzeugend wird er mit dem Hinweis auf extrem niedrige Einkommen und damit verbundene Armut relativiert, wenn nicht bemäntelt.

Ein Angleichungsversuch, wie geartet auch immer, kann erst wirksam sein, wenn die ursachentherapeutische Frage beantwortet wurde, wie es zu beobachtbaren Einkommensunterschieden überhaupt gekommen ist. Wie dargelegt (Abschn. 5.1.1), wurde das in einer Periode erzielte Markteinkommen eines Individuums von vielen anderen Individuen mitbestimmt, die aus Selbstinteresse bemüht waren, den ökonomischen Umständen Rechnung zu tragen, die sie für ihr Wirtschaften als relevant ansahen und die nur sie kennen konnten.

Die so entstandenen Einkommen sind transitorische Teilergebnisse einer Handelnsordnung (HAYEK 1967/2003), die sich aus dem Zusammenwirken vieler Marktteilnehmer und deren Transaktionen unter wandelbaren Bedingungen ergibt. Als solche sind sie ebenso wenig endgültig wie die Umstände, aus denen sie hervorgingen. Jedoch unterscheiden sie sich wesentlich von Einkommen in einer geplanten Ordnung oder Organisation. Dort gehen sie aus der Verteilung des Organisationsertrags unter den Mitgliedern der Organisation durch die Organisationsspitze hervor. Insofern ist es dubios, wenn im Falle einer marktwirtschaftlichen oder ungeplanten Ordnung eine Verteilung von Einkommen thematisiert wird. Zumindest liegt dem eine falsche Vorstellung von beiden Arten der Ordnung zu Grunde (STREIT, 2006a).

Wie bereits betont, muss bei verteilungspolitischen Interventionen zunächst die ursachentherapeutische Frage nach Gesetzmäßigkeiten der Entstehung von Unterschieden zwischen persönlichen Markteinkommen beantwortet werden. In einem marktwirtschaftlichen System, das komplex ist, weil viele verschiedene Akteure durch Transaktionen zusammenwirken und das zudem auch offen ist, weil die Akteure einfallsreich und damit überraschend handeln können, ein solches System kann nicht mit Ursache- Wirkungsbeziehungen oder Kausalitäten abgebildet werden (STREIT, 1998/2001, 141), die Variable enthalten, welche als Instrumente zur Steuerung nutzbar sind. Deshalb fehlt es auch an Ansatzpunkten für Interventionen in verteilungspolitischer Absicht.

Literatur

Hayek, F.A. (1967/2003), Rechtsordnung und Handelnsordnung – Aufsätze zur Ordnungs-Ökonomik, Gesammelte Schriften in deutscher Sprache, Bd. A4, hrsgg. v. M.E. Streit, Tübingen: Mohr Siebeck, S. 35-73.

Streit, M.E. (2006), Die Verteilung und Umverteilung von Markteinkommen – Anmerkungen zu einem provozierendem Phänomen, WiSt, Heft 7, S. 409-411.

Streit, M.E. (2006a), Ordnungsökonomik; in: ders. (Hrsg.): Jenaer Beiträge zur Institutionsökonomik und Wirtschaftspolitik, Contributiones Jenenses; Bd. 8, Baden-Baden: Nomos, S. 11-60.

Streit, M.E. (1994/2001), Die Marktwirtschaft, ein offenes und komplexes System; in: ders. (Hrsg.): Jenaer Beiträge zur Institutionenökonomik und Wirtschaftspolitik, Contributiones Jenenses, Bd. 8, Nomos: Baden-Baden: Nomos, S.139-151.

B. Methodische und normative Grundlagen

8. Wirtschaftspolitik und Wissen

In den vorangegangenen Abschnitten wurden wiederholt die Wissensanforderungen aufgezeigt, welchen der Versuch zu genügen hat, ein marktwirtschaftliches System nach wirtschaftspolitischen Zielen zu steuern oder zu lenken. Folgende Wissenskategorien sind dazu erforderlich:

- Die Kenntnis von (operationalen) Lenkungszielen;
- Wissen über die Funktionsweise oder die Eigengesetzlichkeiten des Entscheidungsfeldes, hier des marktwirtschaftlichen Systems;
- Wissen über die Wirkungsweise der erwogenen Lenkungsmaßnahmen oder Instrumente.

Die zweite und letztgenannte Wissenskategorie haben gemeinsam, dass sie Wissen über die Funktionsweise des Systems voraussetzen; denn Aussagen über die Wirkungsweise von Instrumenten beziehen sich auf Gesetzmäßigkeiten, mit denen eine empirisch unwiderlegte Beziehung zwischen den als Lenkungsziele operationalisierten Variablen und solchen erklärenden Variablen aufgezeigt wird, die als Instrumente bzw. Instrumentvariable angesehen und verändert werden können. Die empirische Grundlage einer solchen Ziel- Mittelbeziehung kann im günstigen Fall durch (ökonometrische) Auswertung von statistischen Beobachtungen des Systemablaufs gewonnen werden (vgl. Abschn. 15). Allerdings wäre dabei Skepsis angebracht; denn die Systemeigenschaften stehen einer derart empirischen Fundierung von Lenkungsversuchen entgegen. Das marktwirtschaftliche System ist offen und interaktiv komplex (Abschn. 2.6.0). Seine Komplexität ergibt sich aus dem Zusammenwirken oder der Interaktion einer beträchtlichen Zahl verschiedenartiger Akteure (Marktteilnehmer). Medium der Interaktion ist der indirekte Tausch. Tauschgegenstände sind neben Geld die verschiedenen Handlungs- oder Eigentumsrechte, über welche die Akteure frei verfügen können und die sie zur Realisierung ihrer Wirtschaftspläne einsetzen. Insofern dient der Tausch der Koordination individueller Wirtschaftspläne. Bezogen auf das System kann gesagt werden, dass es sich selbst koordiniert. Zu dieser Selbstkoordination kommt die systemische Selbstkontrolle durch Wettbewerbshandlungen (vgl. Abschn. 9.1.1.4). Durch den Druck des Wettbewerbs werden die Wettbewerber zu kreativen Handlungen in Form von Inventionen bzw. Innovationen angeregt. Ihre Kreativität und deren Folgen bedeuten für das System, dass in seinem Ablauf überraschende und daher unvorhersehbare Ereignisse auftreten können. Damit wird nichts anderes als die Offenheit des interaktiv komplexen Systems beschrieben. Die Folge davon ist, dass es an verlässlichen Kausalitäten oder Ursache- Wirkungsbeziehungen fehlt (STREIT, 1998/2001, S. 141). Soweit es sich dabei um Ziel- Mittelbeziehungen handelt, wird Lenkungswissen sehr fraglich und ein Mitteleinsatz in seinen Folgen (Haupt- und Neben-, Nah- und Fernwirkungen) nicht vorhersehbar, selbst wenn unterstellt würde, dass sich sonst am Systemablauf nicht änderte. Würde dennoch ein Lenkungsversuch unternommen, läge dem eine Anmaßung von Wissen zu Grunde. Als Beispiel kann für das beschriebene Wissensproblem die Theorie der Besteuerung angeführt werden. Nach ihr dürfte bekannt sein, wie unzulänglich das Wissen über die Überwälzung von Steuern, die Inzidenz, ist und welche Modelierungsprobleme bei ihrer Analyse auftreten. Das dürfte z.B. erklären, warum die politische Diskussion über die Besteuerung von Argumenten zur Zahllast, also der formalen Inzidenz, und nur sehr vage zur Traglast einer Steuer, der materiellen Inzidenz, beherrscht wird. Eine Gleichsetzung von Zahl- und Traglast, wie dies häufig geschieht, steht für eine Anmaßung von Wissen mangels besserer Information.

Zusammenfassend lässt sich festhalten, dass Wirtschaftspolitik in einem interaktiv komplexen und offenen System wie die Marktwirtschaft durch genuines Unwissen über Ziel- Mittelbeziehungen belastet ist. Das gebietet wirtschaftspolitische Zurückhaltung unbeschadet der politisch ökonomisch erklärbaren Verlockungen, denen Träger der Wirtschaftspolitik nur zu leicht erliegen.

Literatur

Streit, M.E. (2005), Wissenschaftliche Politikerberatung zwischen Wissensmangel und Opportunismus, in: A. Freytag (Hrsg.): Weltwirtschaftlicher Strukturwandel, nationale Wirtschaftspolitik und politische Rationalität, Köln: Universitätsverlag, S. 30 – 35.

Streit, M.E. (2007), Das Wissensproblem der Ökonomik aus Hayekscher Sicht, ORDO, 58, S. 149-156.

9. „Neoliberal: Ein politisches Schimpfwort?“

Die mit dem Thema angeworfene Frage ist zu bejahen. Es handelt sich um einen zur Polemik entgleisten Irrtum, der in der Diskussion marktwirtschaftlich orientierter wirtschafts- und sozialpolitischer Reformvorschläge in Deutschland um die Jahrtausendwende und danach immer wieder auftauchte (STREIT, 2006). Der darin enthaltene Irrtum ist ein mehrfacher. Einmal wird damit der Liberalismus als Ideensystem unverstanden in Misskredit gebracht und mit ihm eine in der europäischen Kultur wurzelnde Gesellschaftsvorstellung, welche die individuelle Freiheit und Selbstverantwortung betont. Ihr Ursprung ist im klassischen Athen und -als Übernahme- im römischen Kaiserreich (bei Cicero) zu finden. In Deutschland ist das Freiheitsideal mit den Namen Immanuel Kant, Wilhelm von Humboldt und Friedrich Schiller eng verbunden. Der klassische angelsächsische Liberalismus wird auf die schottischen Moralphilosophen Adam Ferguson, Adam Smith, David Hume und John Stuart Mill zurückgeführt. Sie prägten das nationalökonomische, ordnungstheoretische Denken und vertraten eine naturrechtliche Begründung ihrer freiheitlichen Vorstellungen. Hieraus ergab sich auch ihre Forderung nach Privateigentum und Vertragsfreiheit als den institutionellen Grundlagen einer marktwirtschaftlichen Ordnung als einer „Handelnsordnung“ (HAYEK, 1967/2003). Der zweite Irrtum bezieht sich auf diese Ordnung und auf die Forderungen nach marktwirtschaftlich orientierten Reformen. Mit dem Irrtum verbunden ist ein Unverständnis der „Handelnsordnung“ als einer spontanen, ungeplanten Ordnung, die keines Organisators bedarf und die aus dem Zusammenwirken oder der Interaktion vieler Akteure entsteht. Deshalb ist das marktwirtschaftliche Geschehen komplex mit der Folge, dass eine Suche nach an einfachen Kausalitätsbeziehungen orientierten Erklärungen des Geschehens scheitern muss. Die vergebliche Suche verleitet zu Misstrauen und lässt den Eindruck eines chaotischen Geschehens entstehen, in das mit starker (staatlicher) Hand eingegriffen werden soll. Der dritte Irrtum beruht wiederum auf einem Unverständnis marktwirtschaftlichen Geschehens. Mit der Polemik wird unvermittelt die Globalisierung als Bedrohung der sog. sozialen Errungenschaften angeprangert. Im Grunde handelt es sich bei ihr um nichts anderes als um die vielgestaltigen, irritierenden Aspekte eines Wettbewerbsprozesses (vgl. Abschn. 3.4.0), aus dem eine weltwirtschaftliche Arbeitsteilung und eine Verteilung von Produktionsstandorten hervorgehen. Die Bedrohung ergibt sich, weil die wettbewerbliche Standortsuche dazu führt, dass Standortfaktoren wie nationale Steuer-, und Regulierungssysteme bewertet und danach abgewählt werden, was in den von Abwanderung von Investoren und Arbeitskräften betroffenen Ländern Proteste und Misstrauen gegenüber dem Phänomen der Globalisierung hervorruft, einem Phänomen, welches institutionenökonomisch dem Systemwettbewerb (STREIT, KIWIT, 1999/2001) zuzuordnen ist.

Kein Geringerer als einer der geistigen Väter des Neoliberalismus, Walter EUCKEN (1952/1960, S. 374) schrieb in seinen „Grundsätzen der Wirtschaftspolitik“ zum Vorwurf „neoliberal“ folgendes: „Die Prinzipien der Wirtschaftspolitik, die hier vorgestellt werden, werden bisweilen liberal oder neoliberal genannt. Aber diese Bezeichnung ist oft tendenziös und nicht zutreffend." Er erläutert seine Aussage damit, dass sie tendenziös sei, „wenn Gegner sich die Kritik leicht machen wollen" (ebenda). Sie sei nicht zutreffend, da sie sich auf eine Politik des Laisser-faire bezieht, die auf einer Tradition des Liberalismus beruht, um dann fortzufahren: „Der Liberalismus dieser Zeit ist nur ein Ast auf dem großen Baum der europäischen Kultur, die auf Freiheit beruht". Fast vorausschauend bezog er sich auf die erörterte Polemik, wenn er fortfuhr: „Den Strom der Kritik am Liberalismus leitet man nun auf die Wettbewerbsordnung und ihre gedankliche Vorbereitung –ohne selbst denken zu müssen."

Literatur

Eucken, W. (1952/1960), Grundsätze der Wirtschaftspolitik, Neuausgabe, Tübingen: Mohr Siebeck.

Streit, M.E. (2006), Der Neoliberalismus – ein fragwürdiges Ideensystem? ORDO, 57, S. 91-98.

Streit, M.E., D. Kiwit (1999/2001), Zur Theorie des Systemwettbewerbs, in: M.E. Streit (Hrsg.) Jenaer Beiträge zur Institutionenökonomik und Wirtschaftspolitik, Contributiones Jenenses, Bd. 8, Nomos: Baden-Baden,, S. 328-363.

Willgerodt, H. (2006), Der Neoliberalismus – Entstehung, Kampfbegriff und Meinungsstreit, ORDO, 57, S. 47-90.

C. Wirtschaftspolitische Ziel-Mittel-Systeme

10. Die Soziale Marktwirtschaft heute: Ein gebrochenes Politikversprechen

Nur zu leicht entsteht eine Begriffsverwirrung, die auch in Reden der Bundeskanzlerin und im ratifikationsbedürftigen EU-Vertrag sowie in Meinungsumfragen vorkommt. Darin werden die gegenwärtige Wirtschaftsordnung und die Soziale Marktwirtschaft gleichgesetzt. Nach ökonomischem Sprachgebrauch wird unter der Sozialen Marktwirtschaft eine wirtschaftspolitische Konzeption (Abschn. 11.2.1) verstanden, also eine Generallinie oder angekündigte Richtschnur für wirtschaftspolitisches Handeln in einem marktwirtschaftlichen System. Es ist ein Verspechen der politisch Verantwortlichen, die mit der Konzeption verkündeten Ziele und ordnungspolitischen Grundsätze dauerhaft einzuhalten. Abgegeben wurde das Versprechen von der CDU mit den Düsseldorfer Grundsätzen am 15.06.1949. Im Wahlkampf 1972 hatten alle politischen Parteien der Bundesrepublik die Konzeption Soziale Marktwirtschaft als für sich verbindlich erklärt. Danach wurde das mit ihr abgegebene Versprechen in Sonntagsreden immer wieder erneuert. Heute, nach fast 6 Jahrzehnten, muss bedauernd festgestellt werden, dass das Versprechen von Anfang an durch politisches Tun oder Unterlassen mehrfach gebrochen wurde. Einige typische Beispiele belegen dies: die Wettbewerbspolitik, die Strukturpolitik, die Arbeitsmarktpolitik und die Sozialpolitik.

Bei dem Bemühen, „den Wettbewerb zur größten Wirksamkeit im Interesse des Verbrauchers zu bringen", so A. Müller Armack, einer der Initiatoren der Konzeption und politischer Weggefährte Ludwig Erhards, dauerte es 8 Jahre, bis 1957 ein entsprechendes Gesetz gegen Wettbewerbsbeschränkungen (GWB) verabschiedet wurde. Weitere 16 Jahre vergingen, bis kaum zu bestreitende Mängel des GWB gegen den zähen Widerstand von Wirtschaftsverbänden wenigstens teilweise behoben wurden, obgleich sie schon vor der Verabschiedung des GWB erkannt worden waren.

In der Strukturpolitik wurde von Beginn an auf Druck der Verbände eine wenig überzeugende Subventionierung einzelner Wirtschaftszweige vorgenommen. Herausragende Belege hierfür sind die Landwirtschaft und die Montanindustrie. Der Subventionsbedarf der Landwirtschaft erwies sich aufgrund einer eklatant marktwidrigen Politik als ein Fass ohne Boden und tut dies heute noch. Kohle und Stahl wurden mit massiven Subventionen vor unstreitig überlegener Auslandskonkurrenz geschützt. In den Subventionsberichten der Bundesregierung firmieren sie wiederholt unter Erhaltungssubventionen. Hinsichtlich dieser Subventionsart urteilte einer der Befürworter der Konzeption, Wilhelm Röpke: „sie werden umso eher zu billigen sein, je mehr es Ziel ist, lediglich die notwendige Anpassung eines Wirtschaftszweiges an neue Verhältnisse zu erleichtern (Anpassungsintervention)". Wie wenig erfolgreich die Anpassung betrieben wurde, zeigte der Schrumpfungsprozess in der Montanindustrie.

Der jüngste Bruch des Politikversprechens ist das sog. Mindestarbeitsbedingungengesetz, das in Branchen gelten soll, in denen keine ausreichende tarifvertragliche Bindung besteht. Es ist ein listig begründeter Schritt hin zu allgemeinverbindlichen gesetzlichen Mindestlöhnen also zu einer staatlichen Lohnfestsetzung, die gegen die grundgesetzlich garantierte Tarifautonomie verstößt. Nach vielem Hin und Her wurde das Gesetz, die Konzeption ignorierend, von den verantwortlichen Ministern schönfärbend erläutert.

Für die Konzeption zentral war der Vorschlag von Müller Armack, „den sozialen Ausgleich" mit der „Freiheit auf dem Markte" zu verbinden. Der soziale Ausgleich erwies sich als politisch attraktive Losung für einen jahrzehntelangen Missbrauch der Sozialpolitik zu Wahlkampfzwecken (VAUBEL 1991). Im Namen des fragwürdigen Ziels der sozialen Gerechtigkeit wurde ein kostspieliges System der sozialen Sicherung errichtet, das von einer undurchschaubaren und wuchernden Bürokratie verwaltet wird. Teile des Systems werden finanziell durch Quersubventionen des Bundes alimentiert. Das trug zu einem Anwachsen der Staatsverschuldung und einem Verstoß gegen den Konzeptionsgrundsatz der „Stabilität des Haushalts" (Müller Armack) bei, ohne dass die strukturellen Mängel des praktizierten Sozialstaats behoben wurden. Die wuchernden, sozialpolitisch begründeten Transferzahlungen sollten vor einigen Jahrzehnten von einer sog. Transferkommission durchforscht werden. Ihr Ergebnis war eine Transferillusion. Den Empfängern von Transferzahlungen war nicht bewusst, dass sie letztlich die erhaltenen Leistungen selbst zu bezahlen hatten.

Der Missbrauch der Sozialpolitik zu Wahlkampfzwecken äußert sich in einem unerfreulichen Zusammenwirken von Verbandsfunktionären und politisch Verantwortlichen zu Lasten der Allgemeinheit. Die Belastung der Allgemeinheit schlägt sich in einer steigenden Quote an Steuern, Gebühren und Beiträgen sowie einer wachsenden Regulierungsdichte nieder, von der nahezu alle Lebensbereiche der Gesellschaft erfasst werden. Rund 14000 Verbände und Dachverbände bieten ihre keineswegs uneigennützigen Dienste bei der Regulierung und Gesetzgebung an. Schon 1960 warnte Theodor Eschenburg vor einer „Herrschaft der Verbände". Ein Beispiel für diese Herrschaft ist das Gesundheitswesen. Über Jahrzehnte hinweg entwickelte es sich zu einem mehrstufigen, schwer durchschaubaren, wettbewerbswidrigen und bürokratisch aufgeblasenen Koloss. Auf seinen Stufen, von den Apotheken über die ärztliche Versorgung bis zu den Krankenkassen wird es durch staatlich tolerierte Kartelle kontrolliert, die unter dem Einfluss von Verbänden stehen. Politische Versuche, die Kostenentwicklung des Systems und mit ihr die Beitragslasten für seine Nutzer durch Begünstigung von Wettbewerb zu steuern, scheiterten am zähen Widerstand der Verbände. Diese mit so genannten konzertierten Aktionen in politische Vorhaben einzubinden, führte zu kaum mehr, als unverbindlichen Formelkompromissen, die mit medienwirksamen Aufwand von den beteiligten Politikern und Verbandsfunktionären zur Selbstdarstellung genutzt wurden. Das durch Regulierungen und marktwidrige Interventionen verkrustete Wirtschaftssystem muss bei vielen Skepsis und Mangel an Akzeptanz verursachen. Das kann als Reaktion darauf betrachtet werden, dass das mit der Sozialen Marktwirtschaft abgegebene politische Versprechen vielfach gebrochen wurde. Die ökonomischen Folgen davon haben alle zu tragen. Die verbreitete Politikverdrossenheit kommt also nicht von ungefähr. Was bleibt, ist ein verbreitetes Unbehagen an der erfahrenen Wirtschaftsordnung, die nur zu leicht mit der Konzeption der Sozialen Marktwirtschaft verwechselt wird. Wenn dennoch schwindende Akzeptanz Unbehagen an der erfahrenen Wirtschaftsordnung beobachtet werden kann, so ist es die Reaktion auf die wenig durchschaubaren Folgen eines jahrzehntelangen Bruches des Politikversprechens, genannt Soziale Marktwirtschaft.

Literatur

Streit, M.E. (1994/2001), Die Soziale Marktwirtschaft: Konsens, Konfliktfelder, Defizite, Reformchancen, in: M.E. Streit (Hrsg.) Jenaer Beiträge zur Institutionenökonomik und Wirtschaftspolitik, Contributiones Jenenses, Bd. 8, Nomos: Baden-Baden,, S.178-184.

Streit, M.E. (2005), Die Soziale Marktwirtschaft – zur Erosion einer wirtschaftspolitischen Konzeption, ORDO, 56, S. 113-122.

Vaubel, R.. (1991), Der Missbrauch der Sozialpolitik in Deutschland – Historischer Überblick und Politisch-Ökonomische Erklärung; in: G. Radnitzky. H. Bouillon (Hrsg.), Ordnungstheorie und Ordnungspolitik, Berlin, Paris, Tokyo: Springer, S. 173-198.

D. Träger der Wirtschaftspolitik

11. Wirtschaftspolitische Willensbildung und Verbände

Dem Beobachter der wirtschaftspolitischen Willensbildung in Deutschland fällt i.d.R. auf: Wann immer eine wirtschaftspolitische Aktivität erwogen wird, stets melden sich Vertreter von Interessenverbänden zu Wort, um vorgebliche Wünsche oder Klagen ihrer Klientel geltend zu machen. Das gilt besonders für erwogene wirtschaftspolitische Reformvorhaben. Der Chor der Wortmeldungen ist vieltönig und häufig dissonant. 2006 waren 1896 Verbände nach der Geschäftsordnung des Deutschen Bundestages aufgelistet, die Zugang zum Bundestag und zu den Bundesministerien hatten (KIRCHHOF 2006, S. 57). 1972 waren es 635. Insgesamt sind in Deutschland rund 14000 Verbände und Dachverbände tätig. In ihnen sind Arbeitgeber und Arbeitnehmer, Berufe, Wirtschaftszweige, Handwerker, Sozialdienste, Verbraucherschützer, Sportler, Kulturschaffende, Wissenschaftler und Hochschulrektoren organisiert.

Ziel der Verbandfunktionäre dürfte es i.d.R sein, die Erwerbsinteressen ihrer Klientel werbend zu vertreten. Wie dargelegt (Abschn. 13.1.5) geht es ihnen darum, in Gesetzgebungs- und Regulierungsverfahren rechtlich abgesicherte Privilegien zu erlangen, die ihrer Klientel erwerbslose Zusatzeinkommen oder Renten verschaffen. Dies geschieht im Rahmen eines Tauschgeschäfts. Getauscht wird die Privilegienvergabe gegen politische Unterstützung bei der Wiederwahl eines politischen Mandatsträgers oder einer Partei. Dieser Vorgang des rent-seekings (TOLLISON, 1982) wurde von HAYEK (2003, 405) als „Schacherdemokratie“ kritisiert. Symptomatisch für sie ist, wenn Privilegien und damit verbundene Renten durch wirtschaftspolitische Reformen in Frage gestellt werden und der Widerspruch der Begünstigten bzw. deren Vertreter durch Protestaktionen artikuliert wird. In diesem Fall wird von den politischen Akteuren versucht, den Widerstand der Begünstigten und deren Verbandsvertreter in „konzertierten Aktionen“, „Bündnissen“, „Arbeitskreisen“, „runden Tischen“ und „Kanzlertreffen“ zu dämpfen und beschönigend in eine „konsensuale Politik“ einfließen zu lassen. (STREIT, 2004, 45)

Die Erfolgsbedingungen für eine solche konsensuale Politik dürften denkbar ungünstig sein. Reformbemühungen stoßen i.d.R. auf eine dichte Interessenverflechtung von politischen Mandatsträgern und Verbänden. Sie äußert sich darin, dass Abgeordnete häufig Mitglieder oder gar Funktionsträger von Interessenverbänden sind oder sich durch Scheinarbeits- oder Scheinberaterverträge in deren Dienst nehmen lassen. Die Diskussion über Nebeneinkünfte von Abgeordneten im Herbst 2006 dürfte in diese Richtung gezielt haben. Es steht zu befürchten, dass die personelle und finanzielle Verflechtung von Abgeordneten und organisierten Interessengruppen, eine Art Selbstlähmung der Mandatsträger bewirkt, wenn es darum geht, Reformen parlamentarisch durchzusetzen. Grundsätzlich ist zu vermuten, dass das Beziehungsgeflecht von Mitgliedern der politischen Klasse und Verbänden sowie deren Vertretern der Korruption nahe kommt (v. ARNIM, 2001, Kap. 5). Edmund Burke, Mitglied des englischen Unterhauses, hat 1774 den Wählern seines Wahlkreises, Bristol, die verfassungstheoretisch begründete Stellung eines repräsentativen Abgeordneten nahezu klassisch wie folgt umrissen: "Das Parlament ist *nicht* ein Kongress von Botschaftern verschiedener sich bekämpfender Interessen, die jeder wie ein Agent und Advokat gegen andere Agenten und Advokaten verfechten müsste, sondern das Parlament ist eine frei ihre Meinung bildende Versammlung einer Nation mit einem Interesse, nämlich dem des Ganzen, … (zit. n. v, ARNIM 2001, S.33)

Literatur

Von Arnim, H.H. (2001), Das System – Die Machenschaften der Macht, Rottenburg: Jochen Kopp Verlag.

Hayek, F.A. (2003), Recht, Gesetz und Freiheit, Gesammelte Schriften in deutscher Sprache, Bd. B4, Hrsg. V. V. Vanberg, Tübingen: Mohr Siebeck.

Kirchhof, P. (2006), Das Gesetz der Hydra – Gebt den Bürgern ihren Staat zurück, München: Droemer Knaur Verlag, Teil III.

Streit, M.E. (2003/2004), Die Misere des deutschen Verbändestaates, in ders. (Hrsg.): Jenaer Beiträge zur Institutionenökonomik und Wirtschaftspolitik, Contributiones Jenenses, Bd. 9, Nomos: Baden-Baden, S.43-50.

12. Wissensaspekte wirtschaftspolitischer Beratung

Wissensgrundlage für eine Beratung wirtschaftspolitischer Akteure durch einen Ökonomen sind empirisch gehaltvolle, überprüfte Aussagen über Wirkungszusammenhänge in einem konkreten marktwirtschaftlichen System. Es sind Aussagen über Ziel-Mittel-Beziehungen, die sich durch logische Operationen zu Informationen über wirtschaftspolitische Handlungsmöglichkeiten transformieren lassen (Abschn. 17.1.1).

Bei Würdigung dieser Wissensgrundlage muss beachtet werden, dass Marktwirtschaften -systemtheoretisch betrachtet (Abschn. 2.6.0)- offen und interaktiv komplex sind. Daher dürften Kausalitätsbeziehungen, die Ziele und Mittel miteinander verbinden, kaum aufspürbar sein, mit der Folge, dass ein sich auf solche Ziel-Mittel-Beziehungen stützendes Interventions- oder Lenkungswissen begrenzt ist oder gar gänzlich fehlen kann. Wissensdefizite sind eine dürftige Beratungsgrundlage für jemanden, der seinen Rat auf die Kenntnis bewährter, relativ kurzer Kausalketten stützen möchte. Kommt es dennoch zu konkretem wirtschaftspolitischem Handeln ist -systembedingt- mit unerwünschten Neben- und Fernwirkungen einer erwogenen Intervention sowie davon ausgelösten, irritierenden Nachbesserungsversuchen zu rechnen.

Deshalb ist die kognitive Ausgangsbasis für einen Berater denkbar ungünstig.

Wissenschaftlich fundierte Handlungsempfehlungen vermag er nicht zu geben. Dem verbreiteten Denken in einfachen Kausalitätsbeziehungen muss er redlicherweise mit dem Hinweis auf Komplexität des marktwirtschaftlichen System begegnen. Bei erwogenen Interventionen muss er zur Vorsicht, wenn nicht zur Zurückhaltung raten mit dem als abstrakt empfundenen Hinweis auf unerwartete und daher nicht näher konkretisierbare Nebenwirkungen. Das bringt den Berater vermutlich in Misskredit bei einem interventionswilligen politischen Akteur. Positiv gewendet müsste des Beraters Empfehlung unter diesen Umständen lauten, möglichst alles zu unterlassen, was die beiden systembildenden Faktoren beeinträchtigen könnte: (1) die Selbstkoordination durch Tauschhandlungen oder Transaktionen und (2) die Selbstkontrolle durch Wettbewerbshandlungen. In dieser im Grunde ordnungstheoretisch orientierten Empfehlung ist ein Konflikt zwischen wissenschaftlichem Berater und beratenem politischen Akteur angelegt. Es liegt nahe, zu vermuten, dass in diesem Spannungsfeld zwischen ökonomischer und politischer Rationalität, der ökonomische Rat übergangen und dazu benutzt wird, eine ohnehin getroffene Entscheidung mit Hilfe der Ökonomik zu untermauern (STREIT 2005, S. 31f.)

In der vorherrschenden Form von Demokratie dürfte für den beratenen politischen Akteur gelten, dass er seine Interventionsentscheidungen opportunistisch trifft mit dem Ziel, seine Wiederwahl zu fördern. Hierzu eignen sich vor allem solche Maßnahmen, die Gruppeninteressen dienlich zu sein versprechen. Das zuvor angesprochene Spannungsverhältnis zwischen Berater und interventionswilligen Beratenen erwächst daraus, dass sich der Berater als lästiger Mahner vor systemgefährdendem Tun sieht und vermutlich auch so gesehen wird. Sein Rat würde unter diesen Umständen nur akzeptiert, wenn er nicht gegen politische Opportunismen verstößt, also nicht der Begünstigung von Gruppeninteressen zuwider läuft. Beugt sich der Berater derartigen politischen Notwendigkeiten, verliert er seine Unabhängigkeit und stellt sich nolens volens in den Dienst des Beratenen. Es entsteht eine Beratungssituation, die zuvor (Abschn. 17.2.1) mit HABERMAS (1964/1968) als „pragmatistisch" bezeichnet wurde. Nunmehr ist der Berater sowohl lästiger Mahner als auch eher widerwilliger Diener der Politik. Daraus ergibt sich die Frage, wie sich ein Wissenschaftler unter diesen Umständen überhaupt noch verstehen soll. Womit er dienen kann, ist vor allem der unerbetene Rat in kritischer Absicht, fernab vom prestigeträchtigen und mediengerechten Auftritt in der Nähe von politischen Akteuren und weit entfernt von jeglicher Anmaßung von Wissen.

Literatur

Habermas, J. (1964/1968), Verwissenschaftlichte Politik und Öffentliche Meinung; wieder abgedruckt in ders. (Hrsg.): Technik und Wissenschaft als „Ideologie", Frankfurt am Main, S. 120-145.

Streit, M.E. (2005), Wissenschaftliche Politikerberatung zwischen Wissensmangel und Opportunismus, in: A. Freytag (Hrsg.): Weltwirtschaftlicher Strukturwandel, nationale Wirtschaftspolitik und politische Rationalität, Köln: Universitätsverlag, S. 30 – 35.

Teil II

Kommentare zur Ordnungspolitik in Deutschland 1987 – 2008

1. Die geschlossene Gesellschaft der Funktionäre – Zur Krise der Gewerkschaften

von Manfred E. Streit (F.A.Z. 31.03.1987)

Wie ist die wütende Aggressivität mancher Gewerkschaften zu erklären? Flüchten sich Organisationen ins „Politische“, weil ihre Funktionäre wissen oder zumindest ahnen, dass sie der technischen Intelligenz des ausgehenden zwanzigsten Jahrhunderts keine wirtschaftlichen Dienstleistungen mehr erbringen können, die im rationalen Nutzen-Kosten-Kalkül die Mitgliedschaft lohnen? Im Urteil der öffentlichen Meinung genießen die Gewerkschaften immer noch einen guten Ruf. Sie sollten souverän genug sein, sich den Herausforderungen des technisch-wirtschaftlichen Wandels zu stellen und Offenheit der Ideen an die Stelle autoritärer Führung durch eine Funktionärsclique zu setzen. Der Autor der folgenden Thesen zur Krise der Gewerkschaften ist Professor für Nationalökonomie an der Universität Mannheim.

Die Tarifvertragsparteien haben seit einigen Jahren mit sich und miteinander unübersehbare Schwierigkeiten. Auslöser sind die Notwendigkeiten einer Anpassung an den sozialen und ökonomischen Wandel. Dabei tun sich die Gewerkschaften, und hier vor allem einige DGB-Gewerkschaften, besonders schwer. Ihre Schwierigkeiten sind jedoch auch durchaus symptomatisch für Gefahren, die generell aus einer demokratisch unzureichend kontrollierten und herausgeforderten Herrschaft von Verbandsfunktionären drohen.

1. Kern der Diagnose des Anpassungsproblems der Gewerkschaften und zugleich Schlüssel zur Verbesserung ihrer Lage ist ein Innovationsdefizit. Aus der nüchternen Sicht der politischen Ökonomie haben die Gewerkschaften als Produzenten von Verbandsleistungen materieller wie immaterieller Art offenkundige Schwierigkeiten, ein Angebot für potentielle Mitglieder zu erbringen, das den veränderten Arbeitsverhältnissen, Beschäftigtenstrukturen und Werthaltungen in attraktiver Weise Rechnung trägt. Der Anpassungsbedarf der Gewerkschaften ergibt sich einmal aus den durch den technischen und organisatorischen Fortschritt entstehenden Möglichkeiten und Notwendigkeiten einer Veränderung der Arbeitsplätze und der Arbeitsorganisation. Zum anderen ist tiefgreifenden Veränderungen im Mitgliederpotential Rechnung zu tragen.

Die Ausgangslage ist dadurch gekennzeichnet, dass Erfolge, die die Gewerkschaften in der Vergangenheit erzielten, ihnen auf Dauer nicht hohe Mitgliederzahlen sichern. Im Gegenteil: Weitgehend rechtlich abgesichert, wird das von ihnen Erreichte zum öffentlichen, allen Arbeitnehmern ungehindert zugänglichen Gut. Es gilt als selbstverständlicher Besitzstand, dessen Wahrnehmung nicht unbedingt an Mitgliedschaft gebunden ist.

Die vorwiegende Orientierung an Interessen der Arbeiter ging bereits in der Vergangenheit zu Lasten des gewerkschaftlichen Organisationsgrades. Mit der tiefgreifenden Änderung der Beschäftigtenstruktur zu Ungunsten der Arbeiter wird eine solche Orientierung noch abträglicher, wobei der Wandel am Arbeitsplatz selbst bei den Arbeitern ein differenzierteres Leistungsangebot erforderte.

Das Zerrbild einer feindlichen Umwelt

Die organisationsstärkende Bindungswirkung, die in der Vergangenheit von gemeinsamen Werthaltungen („Klassenbewusstsein") der Arbeitnehmer ausging, hat nachgelassen. Selbst bei den Mitgliedern dominiert bei weitem eine zweckrationale Einschätzung des gewerkschaftlichen, durch Mitgliedschaft beeinfluss- und erwerbbaren Dienstleistungsangebots.

Die Bedeutung der Mitgliedschaft aus Tradition ist generell geringer geworden. Demgegenüber sind die Vorbehalte gegenüber anonym wirkenden Großorganisationen gerade bei den Jugendlichen und noch mehr bei der wachsenden Gruppe der Frauen sowie bei den Angestellten besonders groß.

2. Die Ursache der Innovationsschwäche der Gewerkschaften ist in ihrer Organisationsstruktur und ihrem internen Willensbildungsverfahren zu suchen. Mit ihnen wird zu sehr auf ein Handeln von Funktionären vertraut, das kaum durch sachliche und personelle Alternativen aus dem Kreis der Mitglieder angeregt und kontrolliert wird. Deshalb droht wie in einem Markt ohne dynamischen Wettbewerb ein Erstarren in Routine. Die Gewerkschaften haben darauf verzichtet, eine innerverbandliche Opposition zu legitimieren und ihr auch im Willensbildungsprozess Entfaltungsmöglichkeiten zu sichern. Das erlaubt es den bestellten Funktionären, ihnen wenig genehme Meinungen im Extremfall als gewerkschaftsschädigend abzutun. Abgesehen davon verfügen sie auch über hinreichende Möglichkeiten der finanziellen Sanktionierung oppositioneller Gruppen. Der Verzicht auf eine legitimierte Opposition ist jedoch so neuerungsfeindlich wie der Ausschluss von Wettbewerbern auf einem Markt.

Der Verzicht blockiert die wohlbegründete, Zuspruch suchende Gegenmeinung als wichtige Informations- und Neuerungsquelle; er begünstigt mit der Unterdrückung des offenen Austragens von Meinungsunterschieden die Apathie der Mitglieder ; er schränkt die Möglichkeiten ein, Funktionärsversagen rechtzeitig zu entdecken oder gar ihm vorzubeugen, und er erlaubt es den einmal gewählten Funktionären, selbstgesetzte Ziele ohne hinreichenden Begründungsdruck zu verfolgen. Mangel an Herausforderung durch wirksam vertretbare Alternativen begünstigt eine Erstarrung der Funktionäre in Routine und Selbstgerechtigkeit.

3. Wenn das Neuerungsproblem der Gewerkschaften systematisch gelöst werden soll, müssen sie selbst den internen Wettbewerb von Personen und Ideen als Entdeckungsverfahren satzungsmäßig begünstigen. Mit mehr innergewerkschaftlicher Demokratie dürfte zugleich die Anonymität der Großorganisation abbaubar sein, die den Zugang zu den an Bedeutung gewinnenden Arbeitnehmergruppen erschwert.

Die Analyse innergewerkschaftlicher Verfahrensregeln liefert Anschauungsmaterial genug dafür, dass es durchaus Wahlen ohne Wettbewerb (Dettling) geben kann. Nicht zuletzt sind es vielstufige Wahlverfahren, die den Einfluss der Mitglieder und damit auch der ohnehin nur informellen Opposition zurückdrängen. Begünstigt wird eine Auffüllung von Funktionärspositionen durch die Funktionäre selbst. Mit einer derartigen Selbstrekrutierung wird in der Regel das Angepasstsein prämiert, nicht jedoch der Neuerungen immanente Widerspruch zur bisherigen Praxis. Ferner hat die Entwicklung zum professionellen Funktionär zur Folge, dass immer weniger hauptamtliche Funktionäre über eine echte berufliche Alternative verfügen, weshalb sie demokratische Rekrutierung und Kontrolle als existentielle Bedrohung empfinden dürften.

Selbst die Chancen, sachliche Alternativen in der Verbandsöffentlichkeit aufzeigen zu können, sind in der Regel sehr gering. Ihre Blockade durch Antragsberatungskommissionen und Verfahrenstricks auf Gewerkschaftskongressen ist ein offenes Geheimnis. Dass dies gerade auf so umworbene Gruppen wie die Angestellten abschreckend wirkt, wird von manchen Funktionären sogar unumwunden zugegeben. Vorschläge, das innergewerkschaftliche Demokratiedefizit zu mindern, wurden in der Vergangenheit sowohl von wohlmeinenden Analytikern als auch von Mitgliedern zum Beispiel auf Kongressen immer wieder unterbreitet. Sie reichen von einer Stärkung der Position ehrenamtlicher Funktionäre als Mittler innerhalb der Hierarchie hauptamtlicher Funktionäre über Änderungen der Wahlverfahren für die verschiedenen Organisationsebenen, die Unabhängigkeit der Legislativen und kontrollierenden Organe vom Vorstand bis zur Möglichkeit, Hauptvorstandsmitglieder auf einem Interimskongress durch ein konstruktives Misstrauensvotum ersetzen zu können. Eine verbandsöffentliche Diskussion solcher und ähnlicher Vorschläge wird jedoch immer wieder geschickt verhindert.

4. Einem internen Wettbewerb unter ausdrücklicher Beibehaltung des Verzichts auf Wettbewerb zwischen Gewerkschaften (Konzept der Einheitsgewerkschaft) stehen zwar das Selbstinteresse sowie das damit verträgliche Rollenverständnis des hauptamtlichen Funktionärs entgegen. Ohne mehr internen Wettbewerb bleibt den Gewerkschaften aber lediglich die vage Hoffnung auf hinreichend viele personelle Glücksfälle als Ergebnis des bisherigen Rekrutierungsverfahrens ihrer Funktionärseliten. Beim Einsatz des demokratischen Verfahrens als marktanaloges Wettbewerbsinstrument ist wohl zu unterscheiden zwischen Wettbewerb zwischen Gewerkschaften und solchem innerhalb von Gewerkschaften.

Wettbewerb zwischen Gewerkschaften würde die Aufgabe des Konzepts der Einheitsgewerkschaft bedeuten. Hiergegen sprechen einige gute, auch ökonomische Gründe, nicht zuletzt die Erfahrungen im Ausland, aber auch die der eigenen Geschichte der deutschen Gewerkschaften. Der Verzicht auf eine Kontrolle etablierter Funktionäre und der von ihnen geprägten Politik durch die Möglichkeit einer Abwanderung von Mitgliedern zu konkurrierenden Verbänden macht jedoch ihre interne Kontrolle durch wirksamen Widerspruch mit Hilfe des demokratischen Verfahrens um so dringlicher. Das Demokratiedefizit der Gewerkschaften wird von Funktionären auch durchaus gesehen. So etwa betonte Heinz Oskar Vetter zum Beispiel 1971: „Demokratie ist eine ständige Herausforderung an uns selbst.“ In der Herausforderung durch sachliche und personelle Alternativen liegt aber zugleich die potentielle Machtbeschränkung der Funktionäre. An ihr kann ihnen aus Eigeninteresse genauso wenig gelegen sein wie Unternehmen am wirksamen Wettbewerb auf Märkten. Deshalb sind von ihnen auch kaum Initiativen zu erwarten, den verbandsinternen Wettbewerb von Personen und Ideen satzungsmäßig zu verankern.

5. Gegen einen Attraktivitätsgewinn aus mehr innergewerkschaftlicher Demokratie wird häufig geltend gemacht, er würde mit einem Verlust an Durchsetzungsfähigkeit

als Markt- und Interessenverband erkauft. Eine solche keineswegs zwingende Vermutung ergibt sich vornehmlich aus einer den Herrschaftsinteressen der Funktionäre entgegenkommenden Vorstellung von einer gewerkschaftsfeindlichen Umwelt. Diese Vorstellung steht jedoch im Gegensatz zur institutionell gesicherten und empirisch belegten Integration der Gewerkschaften in Wirtschaft, Politik und Gesellschaft und blockiert eher die ihnen daraus erwachsenen Einflussmöglichkeiten.

Das Spannungsverhältnis zwischen interner Demokratie und Geschlossenheit nach außen wurde schon von frühen Gewerkschaftstheoretikern wie den Webbs (1897) erkannt. Heute wie damals geht es darum, einen der Innovationskraft und damit auch der Attraktivität für potentielle Mitglieder förderlichen Kompromiss zwischen den beiden Organisationserfordernissen zu finden. Gewerkschaftsfunktionäre, die sich dieser Abwägung dadurch zu entziehen suchen, dass sie eine extreme Form innergewerkschaftlicher Demokratie konstruieren, um daraus die Unfähigkeit einer wirksamen Interessenvertretung nach außen ableiten zu können, argumentieren bestenfalls dialektisch.

Die ansonsten immer wieder bemühte feindliche Umwelt, mit der die innere Geschlossenheit und damit auch der Verzicht auf mehr innere Demokratie begründet wird, ist ein Zerrbild. Ihm steht nicht nur Götz Briefs Befund von den „befestigten", in Gesellschaft, Wirtschaft und Recht verankerten Gewerkschaften schon lange entgegen. Auch im Bewusstsein der Bevölkerung ist die Notwendigkeit der Gewerkschaften anerkannt, wie zum Beispiel Meinungsumfragen regelmäßig seit Jahrzehnten belegen. Wenn darüber hinaus zum Beispiel im gegenwärtigen Deutschen Bundestag mehr als 60 Prozent seiner Mitglieder einer Gewerkschaft angehören, fällt es schwer zu glauben, Gewerkschaftsanliegen träfen grundsätzlich auf politische Ablehnung. Allerdings kann diese dann entstehen, wenn Gewerkschaften beginnen, sich als Konkurrenten politischer Parteien zu betätigen. Nicht weit davon entfernt sind sie, wenn ihre Funktionäre zu allen möglichen politischen Themen mit dem Anspruch Stellung nehmen, die Interessen aller Arbeitnehmer zu vertreten; dies tun sie übrigens nach Umfrageergebnissen gegen den Wunsch der Mehrheit von Mitgliedern wie Nichtmitgliedern.

6. Zweifellos mussten sich die Gewerkschaften den Eintritt und die Stellung in Wirtschaft und Gesellschaft erst erkämpfen. Mit dem Erreichten und Gesicherten sowie mit dem sozioökonomischen Wandel verändern sich aber ihre Aufgaben. Das erfordert auch eine entsprechende organisatorische Öffnung für diesen Wandel. Ein Verharren in der Position der Klassenkampfpartei wäre nicht nur ein Anachronismus, sondern eine allseits zu bedauernde Selbstschädigung.

Die Gewerkschaften unterscheiden sich durchaus in ihrem Selbstverständnis. Folgt man den öffentlich vertretenen Positionen, so reicht das Spektrum von der antikapitalistischen Kampforganisation bis zum berufsständischen Markt- und Interessenverband. Gemeinsam ist ihnen jedoch das Problem, in einer sich schnell verändernden Wirtschaft und Gesellschaft für potentielle Mitglieder attraktive Ziele zu definieren und zu verfolgen. Diese Zielfindung ist umso schwieriger, je komplexer, das heißt vielfältiger und wandlungsfähiger die Arbeitswelt und das gesellschaftliche Umfeld sowie die davon geprägten Interessen der Arbeitnehmer sind.

Von extremen Pauschalforderungen geht in Tarifrunden eine abnehmende Mobilisierungswirkung aus. Umfragen bestätigen immer wieder, wie differenziert die von den Gewerkschaften erwarteten Leistungen inzwischen geworden sind. Mehr als zweifelhaft dürften die noch unlängst beobachtbaren Versuche sein, eine Mobilisierung durch den Aufbau von Feindbildern zu erreichen, die in krassem Gegensatz zur Realität der mitbestimmten Arbeitswelt stehen. Für die Gewerkschaften führt kein Weg daran vorbei, sich an die komplexere Umwelt auch durch eine Dezentralisierung ihrer Organisationsstrukturen und Willensbildungsprozesse anzupassen. Wenn sie dabei außerdem mehr sein wollen als andere Interessen- und Marktverbände, so ist dies nicht dadurch zu erreichen, dass sie in Gesellschafts- und Wertvorstellungen verharren, wie sie im vergangenen Jahrhundert vielleicht überzeugend waren.

7. Die Krise der Gewerkschaften ist symptomatisch für einen allgemeinen ordnungspolitischen Handlungsbedarf in einer pluralistischen Gesellschaft, in der immer mehr Interessen verbandlich organisiert und politisch vermittelt werden: Wenn die grundgesetzlich garantierte Koalitionsfreiheit nicht in eine Funktionärsoligarchie führen soll, wäre generell zu prüfen, ob nicht der Gesetzgeber allen Großverbänden Mindestnormen für eine satzungsmäßige Verankerung demokratischer Verfahrensweisen vorgeben sollte.

Chancen und Risiken eines Verbändegesetzes

Da von Verbandsfunktionären im allgemeinen – wozu auch und nicht zuletzt die Funktionäre politischer Parteien gehören – und von Gewerkschaftsfunktionären im besonderen nicht zu erwarten ist, dass sie sich gegen ihr Eigeninteresse einen wirksamen Wettbewerb verordnen, bleibt nur die Korrektur von außen. Daher ist es erwägenswert, den Versuch zu unternehmen, durch ein Verbändegesetz generell bessere formale Voraussetzungen für innerverbandliche Demokratie zu schaffen; ob diese rechtlichen Voraussetzungen dann auch zu einer innerverbandlich gelebten Demokratie genutzt würden, bliebe der freien Entscheidung und dem Engagement der Mitglieder überlassen. Was jedenfalls droht, ist keineswegs ein Gewerkschaftsstaat, wie manche Initiatoren eines Verbändegesetzes suggerieren. Vielmehr droht über die Gewerkschaften hinaus eine Oligarchie der Verbandsfunktionäre. Ihr vorzubeugen, den Pluralismus demokratischer und zugleich gesellschaftspolitisch innovativ zu machen, ist eine ordnungspolitische Aufgabe von hohem Rang.

2. Kostendämpfung – ein Schwindeletikett – Die Arzneimittelausgabe im Konflikt zwischen Industrie- und Sozialpolitik

von Manfred E. Streit und Peter Golz (F.A.Z. vom 16.04.1988)

Die Reform des Gesundheitswesens gehört zu den umstrittensten Vorhaben dieser Legislaturperiode. Alle Gruppen fühlen sich bedroht: die Pharmaproduzenten fürchten um ihre Wettbewerbsfähigkeit, die Apotheker um ihre Existenz; Ärzte und Zahnärzte sind um die Freiheit der Therapie besorgt; die Versicherten befürchten den Rückfall in die Arme-Leute-Medizin. Vorurteile und Schlagworte beherrschen die Diskussionen, weil die Politiker der Koalition sich selbst nicht darüber einig sind, was von ihrem Reformprojekt zu halten ist. Die Autoren dieses Beitrags – Professor Dr. Manfred E. Streit, Ordinarius für Volkswirtschaftslehre an der Universität Mannheim, und sein wissenschaftlicher Mitarbeiter Peter Golz – zeigen am Beispiel der geplanten Begrenzung der Arzneimitteausgaben, dass dasjenige Ziel mit einiger Sicherheit nicht erreicht wird, das alle Kombattanten wie eine Fahne vor sich hertragen: die Kostendämpfung.

Die Reformvorschläge des Bundesministers für Arbeit und Sozialordnung zur Kostendämpfung auch bei Arzneimittelausgaben haben, wie nicht anders zu erwarten, vielseitigen Protest, aber auch Zustimmung ausgelöst. Haben diejenigen Kritiker recht, die einen Konflikt zwischen Kostendämpfung und arzneitherapeutischem Fortschritt sehen? Dieser Teil der Reform sieht vor:

1. einen „Solidarbeitrag“ der Pharmaindustrie zur Kostensenkung durch eine einmalige Preissenkung für Arzneimittel.
2. Anreize zur Verordnung preiswerter Imitationen von Originalpräparaten (Generika) durch einen erstattungsfähigen Festbetrag, der sich am unteren Bereich des Preisgefüges der Arzneimittel orientieren soll.
3. Anreize zur Verminderung der Nachfrage der Patienten nach Medikamenten mit nicht erwiesener Wirksamkeit.
4. Die Verringerung der Menge der verschriebenen Arzneien durch eine Kostenbeteiligung der Patienten. Für die forschenden Pharmaunternehmen wirken sich diese Maßnahmen erlösschmälernd aus. Die Unternehmen argumentieren, dass sich mit diesen Erlösschmälerungen ihre Finanzierungsmöglichkeiten von Forschung und Entwicklung verringern würden. Die unausweichliche Folge seien weniger Innovationen und damit auch geringere Fortschritte in der Arzneimitteltherapie.

Die Befürworter der Reform betrachten die Forschung und Entwicklung als eine Investition in neues Wissen, die sich durch die Erlöse der hierdurch ermöglichten Innovationen rentieren muss. Aus dieser Sicht würde ein Solidarbeitrag in Form einer einmaligen Preissenkung in der Tat keine Auswirkungen auf die Innovationstätigkeit haben; denn er beträfe nur bereits vertriebene Präparate, nicht jedoch zukünftige Innovationen. Anders wäre es, wenn die Unternehmen erwarteten, dass derartige Solidarbeiträge auch in Zukunft unter politischem Druck eingefordert würden; denn dann müssten sie auch ihre Ertragserwartungen für Innovationen nach unten revidieren. Infolgedessen würden solche Forschungs- und Entwicklungsprojekte uninteressant, für die eine revidierte Rendite erwartet wird, welche geringer wäre als die der nächsten, alternativen Anlagemöglichkeit des aufzuwendenden Kapitals. Bei sonst unveränderten Forschungsbedingungen müsste daher eher mit einem Rückgang der Forschung und Entwicklung und tendenziell mit einer Verlangsamung des arzneitherapeutischen Fortschritts gerechnet werden.

Die Folgen eines schärferen Imitationswettbewerbs

Wie groß der aufgrund dieser Argumentationsweise zu erwartende Rückgang sein würde, hängt davon ab, wie robust Forschungs- und Entwicklungsentscheidungen gegenüber Erlösschmälerungen im hier zur Diskussion stehenden Umfang sind. In der Vergangenheit wurden die Anstrengungen bei einer Senkung der Forschungs- und Entwicklungsrendite nicht verringert. Dies könnte auf ein steiles Rentabilitätsgefälle bei Forschungs- und Entwicklungsprojekten zurückgeführt werden. Zugunsten des Bestehens eines solchen Gefälles sprechen die Umsatzrelationen der erfolgreichsten Arzneimittel. So betrug 1984/85 der Umsatz des erfolgreichsten Arzneimittels (Adalat) ungefähr das Doppelte des zweiten, das Dreifache des zehnten, das Zehnfache des hundertsten und das Fünfunddreißigfache des fünfhundertsten Arzneimittels in der Umsatzstatistik. Bereits derzeit dürften sich Forschungs- und Entwicklungsausgaben nur für Projekte lohnen, die einen außerordentlichen Markterfolg versprechen. Würden daher die Renditen der Forschungs- und Entwicklungsaufwendungen sinken, so wäre als Folge des ausgeprägten Renditegefälles bei solchen Projekten lediglich eine geringfügige Einschränkung der Ausgaben für Forschung und Entwicklung zu erwarten.

Anreize zur Verschreibung preisgünstiger Arzneien durch Vorgabe eines entsprechend niedrigen erstattungsfähigen Festbetrags bedeuten, dass die Nachfrage nach Arzneien durch Regulierung preisreagibler gemacht wird. Begünstigt werden auf diese Weise billigere Imitationen von Originalpräparaten. Ein verstärkter Imitationswettbewerb würde jedoch die Ertragschancen von Innovationen mindern und – folgt man wiederum dem Investitionskalkül für Forschung und Entwicklung – zumindest tendenziell den arzneitherapeutischen Fortschritt verlangsamen. Allerdings ist das Ergebnis wiederum keineswegs eindeutig. Zum einen muss auch hier der empirische Befund berücksichtigt werden, dass in der Vergangenheit bei sinkenden Renditen für Forschungs- und Entwicklungsaufwendungen diese nicht eingeschränkt wurden. Zum anderen könnte durch den intensiveren Imitationswettbewerb nach Ablauf des Patentschutzes die Aktivität bei Forschung und Entwicklung sogar angeregt werden. Da nunmehr die Deckungsbeiträge, die durch Altpräparate noch erzielt werden können, schon früher zu sinken beginnen, könnte es entsprechend früher lohnend sein, geschützte, verbesserte Nachfolgepräparate auf den Markt zu bringen.

Gelänge es schließlich, durch Kostenbeteiligung der Patienten das Volumen verordneter, aber ungenutzter Arzneien zu senken, so führte dies zu einer dauerhaften Absatzminderung. Aus der Sicht des Investitionskalküls für Forschung und Entwicklung würden die Ertragserwartungen negativ beeinflusst. Allerdings könnte ein Teil der Ertragseinbußen wieder kompensiert werden. Dies wäre möglich, wenn es gelänge, die Deckungsbeiträge zum Forschungsaufwand für die verbleibenden Absatzmengen durch höhere Preise aufzubessern. Damit würde die kostendämpfende Wirkung der Maßnahme unterlaufen.

Fazit der Argumentation aus der investitionsorientierten Sicht wäre: Ein bedeutender Konflikt zwischen Kostendämpfungs- und Fortschrittsziel besteht nicht. Der einmalige Solidarbeitrag ist fortschrittsunschädlich. Soweit die Reform die Ertragserwartungen schmälerte, sänke die Attraktivität von Forschungs- und Entwicklungsinvestitionen, ohne dass aber größere Einschränkungen der Forschungs- und Entwicklungsaktivitäten befürchtet werden müssten.

Das mit dem Investitionskalkül unterstellte Renditeziel ist keineswegs zwingend, obgleich es auch in der empirischen Innovationsforschung meist zugrunde gelegt wird. Die damit konkurrierende Vermutung über das Innovationsziel ist die der Substanzerhaltung. Träfe sie zu, so würde eine auf Innovationen gerichtete Forschung und Entwicklung keine von übrigen Unternehmensaktivitäten unabhängige Form der Kapitalanlage sein, sondern Bestandteil der Wettbewerbsstrategie eines Unternehmens. Die dominierende Marktstellung forschender Unternehmen wäre dann als Ergebnis ihrer innovationsorientierten Wettbewerbsstrategie anzusehen. Ein forschendes Unternehmen könnte mit einem Kapitalgut verglichen werden, dessen Wert sich in erster Linie aus der Vermarktung von Originalpräparaten ableitet. Aufwendungen für Forschung und Entwicklung sind wie Ersatzinvestitionen zu behandeln und aus den laufenden Erträgen des Unternehmens zu finanzieren. Dabei ist es zunächst unerheblich, mit welchen Produkten die Deckungsbeiträge für die Aufwendungen erwirtschaftet werden.

Welche der beiden Argumentationslinien – die investitions- oder die substanzorientierte Betrachtung – mehr für sich hat, kann letztlich nur aufgrund einer empirischen Überprüfung entschieden werden. Schon mit den Ergebnissen der Untersuchung von Wirkungen der Sicherheits- und Wirksamkeitsregulierung in den Vereinigten Staaten und der Bundesrepublik Deutschland – in die sich auch eine umfragegestützte Analyse durch die Verfasser einfügt – ist eine ausreichende empirische .Beurteilungsgrundlage gegeben. Sie spricht eindeutig gegen die investitionsorientierte Sicht. Die Renditen für Forschungs- und Entwicklungsaufwendungen sind im Vergleich zu risikoarmen Anlageformen so niedrig, dass der Forschungs- und Entwicklungsaufwand ökonomisch nicht plausibel ist. Dennoch wurde sogar zu tendenziell sinkenden Renditen mehr in Forschung und Entwicklung „investiert".

Ein kräftiger Schnitt in die Unternehmenssubstanz

Demgegenüber ist der Ausbau von Forschung und Entwicklung mit der substanzorientierten Sicht durchaus vereinbar. Aus der ‚substanzorientierten Sicht haben die Reformvorschläge folgende Wirkungen: Die Finanzierungsmöglichkeiten von Forschung und Entwicklung verringern sich bereits durch die Abnahme der laufenden Erträge des forschenden Unternehmens. Ferner dürften eine Festbetragserstattung und eine Ausgrenzung „wirkungsloser" Arzneimittel insbesondere eine Umsatzsenkung bei Altpräparaten bewirken; denn diese dürften mangels Patentschutz durch Imitationen unter Preisdruck geraten. Außerdem war bei Altpräparaten, soweit sie vor dem 1. Januar 1978 eingeführt worden sind, kein Wirksamkeitsnachweis erforderlich. Daher kann unter den Altpräparaten ein höherer Anteil an „unwirksamen" Präparaten vermutet werden als bei jüngeren Präparaten. Die Umsatzeinbrüche bei Altpräparaten bewirken, dass diese für die Finanzierung von Forschungs- und Entwicklungsaufwendungen ausfallen. Mit der Verringerung der Zahl der Umsatzträger steigt auch das Finanzierungsrisiko von Forschung und Entwicklung. Die reformbedingte Verringerung der Finanzierungsmöglichkeiten und die Erhöhung des Finanzierungsrisikos bewirken eine Tendenz zur Entwertung der Unternehmenssubstanz. Wenn das forschende Unternehmen weiterhin seine Substanz zu erhalten sucht, ist ein höherer Ersatzinvestitionsbedarf in Form höherer Forschungs- und Entwicklungsaufwendungen erforderlich. Die Reformvorhaben bewirken daher kurzfristig eher eine Tendenz zur Ausweitung der Forschungs- und Entwicklungsaktivitäten der Unternehmen.

Überraschendes Zwischenergebnis wäre also, dass durch die Reform die Forschungs- und Entwicklungsanstrengungen kurzfristig sogar stimuliert würden. Jedoch wäre dies nur zu Lasten der Unternehmensgewinne und damit der Eigenkapitalrendite möglich. Langfristig würde damit unweigerlich die Frage aufgeworfen, wie lohnend die Eigenkapitalbindung an forschende Unternehmen ist und wie groß infolgedessen das mit einer wirksamen Kostendämpfung verbundene Marktsegment forschender Unternehmen dann noch sein kann. Die Antwort hängt nicht zuletzt von den folgenden vier Punkten ab: Erstens von der bislang ermöglichten Eigenkapitalrendite in forschenden Unternehmen. Zweitens vom Ausmaß der reformbedingten Ertragsschmälerung. Drittens von der Bedeutung des deutschen Marktes für die Finanzierung des Forschungs- und Entwicklungsaufwandes im Einzelfall. Und viertens von der Möglichkeit, neue Finanzierungsquellen für Forschung und Entwicklung zu erschließen – etwa durch eine Verlängerung der Patentschutzzeit oder durch kompensierende Preiserhöhungen.

Die bei der Arzneitherapie angestrebten Einsparungen werden auf 2,7 Milliarden DM pro Jahr beziffert. Gemessen an einem Gesamtproduktionswert der pharmazeutischen Unternehmen von knapp 21 Milliarden DM (1986), sind sie also beträchtlich. Da die Aufwendungen der Pharmaindustrie weitgehend unabhängig Von der Produktionsmenge sind, werden die Einsparungen vor allem zu Lasten der Unternehmensgewinne gehen. Diese werden vom Bundesverband der Pharmazeutischen Industrie (BPI) für 1986 mit 7,3 Prozent angegeben. Der Vergleich der Umsatzrendite vor Steuern mit dem Einsparungsziel zeigt, wie stark die Reform in die Unternehmenssubstanz einschneiden würde. Hinzu kommt, dass die Bedeutung des deutschen Marktes für die Finanzierung von Deckungsbeiträgen für Forschungs- und Entwicklungsaufwendungen groß ist, obgleich der Anteil der Inlandsumsätze an den Weltumsätzen der Unternehmen relativ gering ist; denn in der Bundesrepublik können hohe Deckungsbeiträge erzielt werden, weil – anders als in den übrigen europäischen Ländern – die Preisgestaltung für Arzneimittel weitgehend unreguliert ist.

Eine Verlängerung der Patentschutzzeit würde an den Substanzeinbußen erst etwas ändern, wenn der derzeitige Schutz auslaufen würde, also in 20 Jahren. Sie änderte nichts an der derzeitigen Bedrohung der Unternehmenssubstanz. Inzwischen fanden die forschenden Unternehmen aber nahezu unbemerkt von einer breiten Öffentlichkeit Gehör für ihr Argument, regulierungsbedingt wären die Entwicklungszeiten für patentierte Wirkstoffe so gestiegen, dass nur noch mit einer auswertbaren Schutzzeit von fünf bis acht Jahren zu rechnen ist. Daraufhin wurde eine zehnjährige Schutzzeit von Zulassungsunterlagen gewährt. Innerhalb dieser Periode gelten für Imitationen die gleichen, kostspieligen Zulassungsvoraussetzungen wie für Originalpräparate. Die Folge dürfte eindeutig sein. Imitationen werden mit Hilfe dieser Regulierung erschwert. Deshalb verbessern sich die Finanzierungsmöglichkeiten von Forschung und Entwicklung. Ferner wird die Basis umsatztragender Präparate wieder verbreitert. Aber auch: Die kostendämpfende Wirkung der geplanten Festbetragsvorgabe wird geschmälert.

Nicht nur das Zurückstecken des Bundesministers für Arbeit und Sozialordnung bei der Förderung des Absatzes von billigen Imitationspräparaten lässt Zweifel an den tatsächlichen Kosteneinsparungen aufkommen. Vielmehr kommt hinzu, dass die Reform nicht genügend gegen die versicherungsbedingte Ausgabendynamik abgesichert ist.

Von Kostendämpfung kann keine Rede sein

Diese Dynamik wurzelt zum einen darin, dass die Beiträge zur Gesetzlichen Krankenversicherung (GKV) unabhängig von der Leistungsinanspruchnahme durch den Versicherten sind. Dem Versicherten werden weder die Kosten der Inanspruchnahme noch Preisunterschiede zwischen alternativen Therapien signalisiert. Es besteht daher für den Versicherten derzeit keinerlei Anreiz, bei seinem behandelnden Arzt auf ein günstiges Preis-/Leistungsverhältnis hinzuwirken. Erschwerend kommt hinzu, dass er als Laie die therapeutische Qualität von Gesundheitsleistungen nur unzureichend beurteilen kann. Hier ist er auf die Kompetenz des Arztes angewiesen. Auch für diesen bestehen derzeit keine wirksamen Anreize zu einer kostenbewussten Preis-/Leistungsabwägung. Gemäß seinem Berufsethos orientiert er sich vor allem an therapeutischen Kriterien. Ökonomische Kriterien sind zweitrangig. Sie dürften allenfalls dann zum Tragen kommen, wenn der Arzt zwischen aus seiner Sicht therapeutisch gleichwertigen Arzneimitteln wählen kann.

Der Arzneimittelproduzent kann daher mit einer geringen Preisreagibilität der Nachfrage rechnen. Sie ermöglicht es forschenden Unternehmen, Erlöseinbußen bei Altprodukten und Kostensteigerungen bei Forschung und Entwicklung durch kompensatorische Preisanhebungen für Neuerungen auf die Krankenkassen abzuwälzen. Derartige Preisanhebungen werden statistisch nicht erfasst. Sie verbergen sich hinter „Warenkorbänderungen“ des Arzneimittelpreisindex sowie hinter Veränderungen der Verschreibungsgewohnheiten von Ärzten, also hinter Elementen der sogenannten Strukturkomponente. Hierfür gibt der GKV-Arzneimittelindex schon für die Vergangenheit Hinweise. Der Index zeigt auch, dass diese Strukturkomponente wesentlich zur Ausgabendynamik bei den Arzneimittelausgaben der Gesetzlichen Krankenversicherung beigetragen hat.

Die Reformvorschläge ändern wenig an dieser Anreizsituation. Auf der Nachfrageseite werden von Selbstbeteiligungen in Form von Rezeptgebühren oder auch in Form einer Kostenbeteiligung in der diskutierten Größenordnung wohl kaum Impulse für eine höhere Preissensitivität ausgehen. Die Festbetragserstattung erfasst lediglich Präparate mit „gleicher" Qualität. Neuerungen beinhalten aber Qualitätsänderungen. Sie sind nicht nur ein Träger therapeutischen Fortschritts. Vielmehr lassen sie sich von den Anbietern – wie dargelegt – zur Kompensation von Kosten- und Erlösdruck einsetzen. Die von Neuerungen getragene Ausgabendynamik wird durch die Kompensationsversuche sogar eher beschleunigt.

Die Möglichkeit, kompensatorische Preiserhöhungen vornehmen zu können, bedeutet also, dass Forschungs- und Entwicklungsausgaben auch weiterhin finanzierbar bleiben. Die regulierungsbedingten Ertragseinbrüche dürften die Unternehmen nicht zu einer Verminderung ihrer Forschungs- und Entwicklungsaktivitäten veranlassen. Die Unternehmen werden lediglich die Finanzierungsweise ihrer Gemeinkosten ändern. Dadurch dürfte es ihnen gelingen, den mit den Reformvorschlägen beabsichtigten Einspareffekt zu unterlaufen. Infolgedessen muss das Zwischenergebnis lauten: Die Reform wird die Innovationsbemühungen der forschenden Unternehmen wegen deren Kompensationsmöglichkeit nicht schmälern. Soweit sie davon Gebrauch machen, bedeutet dies für die Reformbefürworter, dass sie sich einer Kostendämpfungsillusion hingeben.

Bei der gegebenen Struktur der Gesetzlichen Krankenversicherung stellt sich also der Konflikt zwischen Kostendämpfung und arzneitherapeutischem Fortschritt nicht. Das gilt auch dann, wenn die Beurteilung auf die realistische, substanzorientierte Betrachtung von Forschung und Entwicklung gestützt wird. Vielmehr ist mangels nennenswerter Kostendämpfung mit weiterhin hohen Arzneimittelausgaben ohne Fortschrittseinbußen zu rechnen. Ohne Änderung der gegebenen Struktur der Gesetzlichen Krankenversicherung könnte nur versucht werden, die offene Flanke der Reform durch weitere Dirigismen in Form einer Preiskontrolle für neue Arzneimittel zu schließen. Dann entstünde allerdings eine Konfliktsituation.

Damit wird ein brisantes ordnungspolitisches Dilemma erkennbar: An der Struktur der Gesetzlichen Krankenversicherung festhalten und eine Kostendämpfung erzielen wollen ist ohne Einschränkung der Handlungsfreiheit der forschenden Unternehmen nicht möglich. Erforderlich wäre eine weitere Reglementierung des Arzneimittelmarktes in Form einer Preiskontrolle, die sich auch auf Neuerungen erstrecken müsste. Im Erfolgsfalle hieße dies aber auch, dass die internationale Wettbewerbsfähigkeit der deutschen forschenden Pharmaunternehmen in Frage gestellt würde, für die der deutsche Markt eine wichtige Finanzierungsquelle für Forschung und Entwicklung ist.

An dieser Stelle wird erkennbar, dass in der Reformdiskussion eine industriepolitische Frage unausgesprochen mitverhandelt wird: die verdeckte Innovationsförderung der pharmazeutischen Industrie. Die Förderung beruht auf folgendem Zusammenhang: Die Chance der pharmazeutischen Unternehmen, hohe Deckungsbeiträge zu erwirtschaften, ergibt sich nicht nur aufgrund der freien Preisgestaltung. Vielmehr muss hinzukommen, dass die Nachfrage nach Arzneimitteln auf Preisanhebungen nicht mit Kaufzurückhaltung reagiert. Die Ursache für die wenig preisreagible Nachfrage ist jedoch – wie dargelegt – in der gegenwärtigen Struktur der Gesetzlichen Krankenversicherung zu suchen. Erst zusammengenommen bewirken die freie Preisbildung bei Arzneimitteln und die Dirigismen der Gesetzlichen Krankenversicherung die verdeckte Innovationsförderung der pharmazeutischen Industrie.

Die Innovationsförderung mag aus der Sicht der Gesetzlichen Krankenversicherung ungewollt sein. Das Problem lässt sich jedoch nicht durch Preiskontrollen aus der Welt schaffen. Da arzneitherapeutischer Fortschritt erwünscht ist, müsste vielmehr dann erst mit Recht die Frage beantwortet werden: Wie viel will man sich einen arzneitherapeutischen Fortschritt durch Preiszugeständnisse an forschende Unternehmen kosten lassen?

Festzuhalten ist nach dem bisher Dargelegten: Mit der geplanten Reform ist eine dauerhafte Kostendämpfung im Arzneimittelbereich der Gesetzlichen Krankenversicherung unerreichbar. Es drängt sich der Verdacht auf, dass der Gesetzlichen Krankenversicherung mit Hilfe einer unsoliden Finanzierungsrechnung die Übernahme des Pflegerisikos aufgeladen werden soll. Das mag politisch attraktiv und sachlich einleuchtend sein, gemessen an den Finanzierungsfolgen ist das Manöver jedoch unverantwortbar.

Die Lobby einigt sich zu Lasten Dritter

Im Grunde geht es weder den Befürwortern noch den Gegnern der Reform um Kostendämpfung. Die Zielsetzungen lauten stimmenträchtige Leistungsausweitung einerseits und verdeckte branchenspezifische Innovationsförderung andererseits. Sie sind mit Kostendämpfung schwer zu vereinbaren. Kompromisse auf Kosten erhöhter Beitragszahlungen durch die Mitglieder der Krankenkassen sind ein weiteres Beispiel für die Tendenz, dass Staat und Verbände sich immer wieder zu Lasten Dritter einigen und dies auch noch wohlklingend als Reform deklarieren.

All dies geschieht, obgleich es durchaus überzeugende Vorschläge gibt, durch den Einbau marktkonformer Elemente die kostenträchtige Struktur der Krankenversicherung aufzubrechen. Dazu gehört nicht zuletzt, dass die Versicherungsbeiträge grundsätzlich dem Gesundheitsrisiko zu entsprechen hätten. Eine verteilungspolitische Begünstigung einzelner Gruppen von Mitgliedern müsste unabhängig davon gewährt werden. Neben dieser Trennung von Versicherungs- und Umverteilungskomponente wäre der Wettbewerb zwischen den Versicherungsanbietern zu intensivieren, indem Differenzierungen im Leistungsangebot zugelassen würden. Der übergebührlichen Inanspruchnahme von Versicherungsleistungen (Moral Hazard) wäre mit denselben Mitteln zu begegnen, die bei privaten Versicherern durchaus üblich sind, also zum Beispiel Selbstbeteiligungen und Kostenrückerstattungen. Die Beantwortung der industriepolitischen Frage nach der Innovationstätigkeit der pharmazeutischen Unternehmen würde nicht mehr Politikern und Interessenvertretern überlassen, sondern dem Markt überantwortet.

Eine marktorientierte Reform des Gesundheitswesens stößt nicht nur auf die allseitige ethische Verweigerung gegenüber der ökonomischen Einsicht, dass auch das Gesundheitswesen nicht mit unbegrenzten Mitteln ausgestattet werden kann. Vielmehr kommt der energische Reformwiderstand der Politiker und Verbandsfunktionäre hinzu. Die eigentlichen Betroffenen, die Beitragszahler, werden dabei mit Schlagworten wie „soziale Demontage“ in Unkenntnis gehalten. Der Widerstand von Politikern und Verbänden ist nur zu verständlich. Für die Politiker würden verführerische politische Manipulationsmöglichkeiten der Versicherung außerhalb ihrer unmittelbaren Budgetverantwortlichkeit entfallen. Den Anbietern im Gesundheitswesen (Produzenten, Ärzten, Krankenkassen usw.) würde der ertragreiche Schutz vor Wettbewerb zumindest teilweise entzogen. Den Verbandsfunktionären würden positionssichernde Aktionsmöglichkeiten beschnitten. Es ist infolgedessen nicht verwunderlich, wenn – wie so häufig im Wohlfahrtsstaat – das Gemeinwohl der Bürger dem Eigeninteresse von Politikern und Verbandsfunktionären geopfert wird.

3. Aufbruch in das Unplanbare – Die Marktwirtschaft ist kein vorausberechenbares Räderwerk. Ein Wettbewerbssystem lässt sich nicht im politischen Handbetrieb steuern.

von Manfred E. Streit (F.A.Z. vom 18.04.1990)

Jeder möchte gerne wissen, was der nächste Tag bringt. Der Wunsch, die Zukunft möglichst im Detail zu kennen, ist dann besonders verständlich, wenn es gilt, den Aufbruch in eine neue Lebenssituation zu wagen – in eine Zukunft, die nicht als Fortschreibung der Gegenwart gedacht werden kann. Es ist keineswegs nur die Gewöhnung an die vorgebliche Kalkulierbarkeit der Planwirtschaft, die die Landsleute in der DDR immer wieder fragen lässt: wo werde ich arbeiten, was werde ich verdienen, wie hoch wird meine Rente sein, was werde ich für die Wohnung zahlen müssen? Solche Fragen werden auch im Westen gestellt. Und es finden sich immer wieder Propheten und Politiker, die den Eindruck erwecken, als könnten sie die Antworten geben. Erweisen sich Auskünfte als falsch oder Versprechen als unerfüllbar, dann wird das Misstrauen, das sich eigentlich gegen die anmaßenden Propheten richten müsste, auf die Marktwirtschaft gelenkt. Persönliche Unsicherheit macht aggressiv, wenn der Eindruck entsteht, unvermeidliche Ungewissheit sei die Folge absichtsvoller Täuschung. Manfred Streit, Professor für Volkswirtschaftslehre an der Universität Freiburg, skizziert die Beratungskompetenz der Ökonomen und die Vorhersehbarkeit von Ergebnissen eines Marktprozesses. Es führt keine utopische Hoffnung an der Erkenntnis vorbei, dass der Weg von der Planwirtschaft zur Marktwirtschaft ein Aufbruch ins Unplanbare ist.

Die bisherige wirtschaftspolitische Diskussion des Systemwechsels in der DDR hat gezeigt, wie wenig und zugleich wie viel Ökonomen dazu zu sagen haben. Wenig Verlässliches kann geboten werden, wenn es darum geht, die geldwirtschaftlichen Folgen einer Währungsübernahme genauer abzuschätzen, die Belastung durch strukturelle Arbeitslosigkeit vorwegzunehmen, die Kosten der unumgänglichen Infrastrukturinvestitionen zu periodisieren oder die Geschwindigkeit anzugeben, auf die bei der Verringerung des Wohlstandsgefälles zur Bundesrepublik gehofft werden kann.

Dabei spielt der Umstand, dass noch nicht einmal eine verlässliche Bestandsaufnahme für die DDR möglich ist, weil ihr Rechnungswesen trotz sozialistischer Planung weit hinter den statistischen Standards westlicher Marktwirtschaften zurückbleibt, nur eine untergeordnete Rolle. Auch bei der Frage „Abrupter Systemwechsel oder gleitender Übergang?“ vermochte niemand den Königsweg überzeugend zu identifizieren.

Demgegenüber sind die Aussagen darüber, was ordnungspolitisch unerlässlich ist, wesentlich dezidierter. Das liegt nicht nur daran, dass Erfahrungen im Westen als Anhaltspunkte zur Verfügung stehen. Und es ist auch nicht allein durch die Wiederentdeckung ordnungstheoretischer Erkenntnisse zu erklären. Ausschlaggebend ist vielmehr etwas anderes: Der Ordnungsrahmen für eine funktionsfähige Marktwirtschaft ist angebbar. Von diesem Rahmen kann aber nicht mit Hilfe allgemeiner und quantifizierbarer Gesetzmäßigkeiten auf die zu erwartenden konkreten ökonomischen Ergebnisse im Zeitablauf geschlossen werden.

Es ist die mangelnde Planbarkeit des marktwirtschaftlichen Geschehens, die Irritationen auslöst. Mangelnde Planbarkeit und damit auch Kontrollierbarkeit der Ergebnisse eines Systemwechsels kollidiert mit dem Sicherheitsstreben vieler Bürger. Dementsprechend schwer fällt es Politikern, auch bei Einsicht in diese Zusammenhänge die Zusicherung der Gestaltbarkeit des ökonomischen Geschehens zurückzunehmen.

Mit dem Blick .auf die begrenzten Möglichkeiten der Ökonomen wird auch beklagt, dass es zwar hinreichende wissenschaftliche Erkenntnisse über die Funktionsweise der unterscheidbaren Wirtschaftsordnungen gebe, aber Vergleichbares zum Systemwechsel fehle. Hierin kommt ein doppeltes Missverständnis zum Ausdruck. Das erste wurde bereits angesprochen: Der Wechsel zu einer Marktwirtschaft kann aufgrund der zentralen Eigenschaften dieser Ordnung nicht in seinen Ergebnissen im Einzelnen vorweggenommen werden.

Das zweite Missverständnis schleicht sich leicht ein. wenn der kategoriale Unterschied zwischen Interventionen in eine bestehende Marktwirtschaft und dem Übergang zu ihr nicht genügend bedacht wird. Mit den Begriffen von Karl Raimund Popper könnte Wirtschaftspolitik in einer bestehenden Marktwirtschaft als Politik schrittweiser Reformen (social piecemeal engineering) klassifiziert werden. Das ist zwar im Hinblick auf die vielen marktwidrigen Interventionen ein extremer Euphemismus. Jedoch dürfte damit grundsätzlich die korrekte Kategorie benannt sein.

Demgegenüber entspräche die Auffassung, ein Systemwechsel sei in seinen Folgen planbar, dem, was Popper als utopische Sozialtechnik kritisiert. Zu vieles muss zugleich geändert werden, als dass die Folgen von Änderungen im Einzelnen absehbar sein könnten. Auch der Rückgriff auf Erfahrungen mit Systemwechseln wie dem von 1948 auf dem Gebiet der späteren Bundesrepublik vermag nur begrenzten Aufschluss darüber zu geben, was mit welchen Folgen wann getan werden sollte. Diese und vergleichbare Situationen sind zwar für politische Entscheidungsträger einmalige Gelegenheiten für Taten von historischem Rang. Die Entscheidung basiert jedoch mehr auf Intuition und Mut, sich zu entscheiden, als auf kühlem Abwägen von Vor- und Nachteilen.

Der Systemwechsel ist die Stunde der Unternehmer

Der Systemwechsel ist die Stunde von Unternehmern. Das gilt in einem übertragenen Sinne auch für politisch Handelnde. Erst recht und unmittelbar trifft es für den wirtschaftenden Bürger zu. Initiative, Findigkeit und Improvisationskunst sind in dieser Situation in besonderem Maße gefragt, und zwar bei Unternehmensleitungen, Arbeitnehmern und Konsumenten.

Wo diese Handlungserfordernisse situationsbedingt vorherrschen, sind die Handlungsfolgen notwendigerweise besonders schwer vorhersehbar. Auch aus dieser Perspektive werden die Grenzen ökonomischer Analysen deutlich. Unternehmerisches Handeln kann gerade wegen dieser Erfordernisse nicht an dem üblichen Optimierungsdenken orientiert werden.

Unternehmerisches Handeln setzt voraus, dass das ökonomische System der DDR vom Wasserkopf zentraler Planbürokratie auf die Füße eigenverantwortlich wirtschaftender Bürger gestellt wird. Dazu müssen die wirtschaftlichen Freiheitsrechte gewährt und garantiert werden. Eigenverantwortung setzt aber auch voraus, dass Eigentum an Produktionsmitteln erworben, riskiert und in seiner Verwendung durch den Wettbewerbsprozess kontrolliert werden kann.

Die besten ordnungspolitischen Voraussetzungen nützen jedoch nichts, wenn es an der für eine prosperierende Marktwirtschaft unerlässlichen Privatinitiative fehlt. Die systemnotwendige Wirtschaftsgesinnung (Werner Sombart) könnte in der DDR zum Engpassfaktor für einen ökonomischen Aufholprozess auf breiter Front werden. Mehr als vier Jahrzehnte staatlicher Bevormundung und systematischer Unterdrückung individualistischer Lebensstile sind vermutlich nicht folgenlos geblieben.

Zum Optimismus gibt jedoch nicht nur das Signal für einen möglichst zügigen Systemwechsel Anlass, das die Bürger der DDR am 18. März gesetzt haben. Ökonomisch dürfte zweierlei bedeutsam sein: Zum einen hat der Zusammenbruch des sozialistischen Systems derart offenkundige Investitionschancen entstehen lassen, dass die durchschnittlichen Anforderungen an unternehmerische Qualitäten im Vergleich zu ausgereiften Marktwirtschaften eher geringer sein können. Entwicklungstheoretisch kann insofern auf den Vorteil vertraut werden, ein Nachzügler zu sein (Albert O. Hirschman). Zum anderen ist inzwischen unbestritten, dass die DDR ein Direktinvestitionsland der ersten Güteklasse werden kann.

Der letzte Test für die Bereitschaft, den konsequenten Übergang zur Marktwirtschaft zu wagen, steht allerdings noch aus, Ein wesentlicher Unterschied zur Situation in der späteren Bundesrepublik im Jahre 1948 darf nämlich nicht übersehen werden. Damals war der „Schleier der Unwissenheit" (John Rawls) vor den nach der Wirtschafts- und Währungsreform erreichbaren sozioökonomischen Positionen für die meisten Bürger sehr dicht. Ferner konnte es für viele kaum noch schlimmer kommen. Beides dürfte wesentlich mit erklären, warum das Versprechen breite politische Unterstützung fand, „Wohlstand für alle" mit Hilfe einer marktwirtschaftlichen Ordnungspolitik zu schaffen.

Demgegenüber erfordert der Systemwechsel bei den aktiven Bürgern der DDR einen riskanten Neubeginn aus gefestigten, wenn auch bescheidenen sozioökonomischen Positionen heraus. Das wenige kann dabei durchaus Bremskraft entfalten. Aus dem zum Teil schmerzlich erlebten Wohlstandsgefälle gegenüber der Bundesrepublik kann aber auch ein mächtiger Anreiz entstehen, den Versuch zu machen, aus eigener Kraft aufzuholen. Wie stark dieser Anreiz sein kann, demonstrierten diejenigen, die in die Bundesrepublik abwanderten und dabei erhebliche Kosten der -Mobilität, auch solche psychischer und gesellschaftlicher Art, in Kauf nahmen.

Erstaunlich ist dabei, wie gering diese Kosten häufig in der Bundesrepublik eingeschätzt werden, obgleich gerade dort mangelnde räumliche und berufliche Mobilität immer wieder dazu führt, dass Beharrungsansprüche an die Struktur- und Regionalpolitik gestellt werden. Jedenfalls dürfte die Vermutung wenig realistisch sein, die bisher gewährten Hilfen an Übersiedler stellten einen bedeutsamen Anreiz dar. Sie nehmen sich erst recht bescheiden aus, gemessen an dem, was erwerbsfähige Übersiedler an

Differenz in dem mittel- und langfristig erzielbaren Einkommen aufgrund des bestehenden Gefälles zur DDR erwarten dürften.

Bei den nicht aktiven Bürgern der DDR und bei den in ihrer Leistungsfähigkeit Beeinträchtigten dürfte sich leicht ein Gefühl des Ausgeliefertseins einstellen. Jedoch heißt Übernahme der Wirtschaftsordnung der Bundesrepublik auch Angleichung des Systems der sozialen Sicherung. Soweit die damit entstehenden) Leistungsansprüche nicht sofort durch Beitragsaufkommen auf dem Gebiet der DDR gedeckt werden können, bleibt nur die Übernahme der Lasten durch die Bundesrepublik. Jedoch darf die Finanzierungswirkung für das System der sozialen Sicherung nicht übersehen werden, die sich aus einem kräftigen Aufschwung in der DDR sowie den daraus resultierenden Impulsen für die Wirtschaft der Bundesrepublik ergeben wird.

Wenn es Parallelen zur Währungsreform von 1948 gibt, dann ist eine davon im politischen Streit um die sozialen Folgen zu suchen. Die Parallele lässt sich kaum besser verdeutlichen als mit entsprechenden Ausführungen Ludwig Erhards, als er am 21. April 1948 vor der Vollversammlung des Wirtschaftsrates des Vereinigten Wirtschaftsgebietes für die Währungsreform warb: „Diese nach landläufiger Auffassung harte Lösung ist nach meiner Überzeugung zugleich die sozialste, wenn sie nur für die nicht arbeits- oder einsatzfähigen Menschen die notwendigen sozialen Hilfen vorsieht. Es ist kaum mehr als ein Irrtum, sondern vielmehr als eine bewusste Irreführung zu bezeichnen, wenn in deutlich agitatorischer Absicht dem Volke vorzugaukeln versucht wird, als sollte die Währungsreform dazu dienen, die Armen noch ärmer, die Reichen aber noch reicher werden zu lassen."

Die Hypothek der sozialen Vorgaben

Ganz im Sinne dieser Erhardschen Kritik droht gegenwärtig das ohnehin vieldeutige Prinzip der sozialen Gerechtigkeit zu einer Blockadeparole zu verkommen. Die Deklamation des Prinzips lässt sich nur zu leicht dazu missbrauchen, einseitig die in ihrem Ausmaß noch wenig vorhersehbaren, zum Teil vorübergehenden Belastungen des Systems der sozialen Sicherung und der sozialstaatlichen Einrichtungen in der Bundesrepublik hervorzuheben.

Ferner kann es dazu dienen, in der DDR die zuvor beschriebene Bremskraft des wenigen zu verstärken. Die dann mögliche Blockadewirkung wäre eine doppelte. Geschwächt würde nicht nur der Mut zum Aufbruch in der DDR, sondern auch die Solidarität in der Bundesrepublik, die sonst mit Hilfe des gleichen Prinzips so oft beschworen wird. Einschneidende gesellschaftliche Veränderungen wie ein Systemwechsel sollten wegen der ohnedies verunsichernden Unwägbarkeiten am allerwenigsten für politisches Taktieren missbraucht werden.

Allerdings ist die Versuchung groß, offensichtliche Anpassungsschwierigkeiten in der Bundesrepublik politisch zu verwerten. Das gilt vor allem für den Wohnungs- und Arbeitsmarkt. Beide Märkte sind in hohem Maße mit sozialpolitischen Gründen reguliert worden. Kündigungsschutz, Mieten und Arbeitsbedingungen werden vor allem im Interesse derjenigen gestaltet, die eine Wohnung beziehungsweise einen Arbeitsplatz haben. Das bedeutet notwendig, dass die Marktchancen derjenigen geschwächt werden, die eine Wohnung beziehungsweise einen Arbeitsplatz suchen. Als Folge davon haben Staat und Tarifvertragsparteien gegenüber diesem Personenkreis uneingestande Pflichten übernommen, deren Wahrnehmung ihnen große Schwierigkeiten bereitet. Die Problemgruppen bei den Arbeitslosen und der Mangel an Sozialwohnungen beziehungsweise ihre Fehlbelegung signalisieren dies überdeutlich.

Hinzu kommt, dass der Wohnungsmarkt durch relativ lange Ausreifungszeiten gekennzeichnet ist. Schon das allein bedeutet entsprechend lange Reaktionszeiten auf eine schockartig und unvorhersehbar gestiegene Nachfrage. Schließlich vermischen sich negative Folgen sozialstaatlicher Regulierung und technisch-ökonomisch bedingte Reaktionsverzögerungen noch mit den Problemen einer raumordnungspolitisch unbewältigten Ballung.

Von den beiden kritisch belasteten Märkten konnte der Arbeitsmarkt noch relativ elastisch reagieren. Hier trafen vor allem die qualifizierten und jüngeren Übersiedler auf ein expandierendes Arbeitsangebot. Demgegenüber musste sich auf dem Wohnungsmarkt der ohnehin gestiegene Nachfrageüberhang weiter vergrößern. Geschlossen wurden die Augen vor den begrenzten Baukapazitäten, der kräftig gestiegenen Baunachfrage und vor Kapitalmärkten, die ohnehin schon durch eine staatliche Nettokreditaufnahme belastet sind, welche mit der Wirtschaftslage und den stark steigenden Steuereinnahmen bislang schwer zu vereinbaren ist. Auf diese Weise wird die private Bautätigkeit zins- und preissteigernd zurückgedrängt. Der Nettoeffekt hinsichtlich des erwartbaren zusätzlichen Wohnungsangebots dürfte zumindest fraglich sein.

Die wohnungswirtschaftlichen Probleme der Bundesrepublik sind jedoch weniger als bescheiden, wenn sie an denen der DDR gemessen werden. Gleichwohl ist bemerkenswert, dass es durchaus Parallelen gibt; denn zu den Faktoren, die die Wohnungsmisere in der DDR erklären können, gehören neben dem Versagen der Kommandowirtschaft auch sozialpolitisch motivierte Fehlentscheidungen.

Welche Folgen zum Beispiel eine Beeinträchtigung der Reinvestition in Wohnungsbestände durch Höchstmieten haben kann, wird im Falle privater Wohnungsbauten in der DDR drastisch demonstriert. Für die zukünftige Wohnungsmarktpolitik auf dem Gebiet der DDR sind in jedem Fall die Voraussetzungen besonders ungünstig. Die dringende Modernisierung eines heruntergewirtschafteten Bestandes, sozialpolitische Vorgaben und berechtigte Interessen von Eigentümern stellen eine Hypothek dar, die in erster Linie von zukünftigen staatlichen Budgets zu tragen sein wird.

Diese und andere Belastungen sind jedoch finanzierbar, wenn der wirtschaftliche Aufbruch gelingt. Er setzt Wettbewerbsfähigkeit der Wirtschaft auf dem Gebiet der DDR, aber auch – und das wird gern übersehen – freien Wettbewerb voraus. Zu den Bestimmungsgründen der Wettbewerbsfähigkeit gehört eine moderne Infrastruktur. Inwieweit ihr Aufbau der Privatinitiative überlassen werden soll, ist eine ordnungspolitisch bedeutsame Frage.

Die Produktivität als Maß der Löhne

Sie sollte nicht mit dem Blick auf institutionelle Vorgaben in der Bundesrepublik entschieden werden, sondern unter Berücksichtigung der Erkenntnisse aus der Diskussion über Deregulierung. Mehr Privatinitiative auch auf diesem Gebiet könnte helfen, den Aufbau zu beschleunigen. In jedem Fall werden mit ihm bereits Beschäftigungs- und Einkommenserzielungschancen eröffnet, die das Abwanderungsproblem verringern dürften.

In der Diskussion des Angebots einer Währungs- und Wirtschaftsunion durch die Bundesregierung wird in besonderem Maße ein mögliches Dilemma hervorgehoben. Eine wettbewerbsorientierte Lohnkostenentwicklung in der DDR könnte von der Einkommensentwicklung abweichen, die geeignet wäre, einer weiteren Auszehrung durch Abwanderung entgegenzuwirken. Dabei wird leicht in statisches Denken verfallen. Entscheidend ist nicht nur das Ausgangsniveau der Löhne. Es wird nach allen Indikatoren beträchtlich unter dem der Bundesrepublik liegen müssen. Vielmehr kommt es darauf an, wie schnell Produktivitätsfortschritte erzielt werden können, die unter Wahrung der Wettbewerbsposition in Lohnerhöhungen weitergegeben werden können.

Bei der Einschätzung der Produktivitätsentwicklung ist davon auszugehen, dass Bereichen, in denen durch Engpassmodernisierung und Neugründungen schnell Produktivitätsschübe erschlossen werden können, solche gegenüberstehen werden, in denen der Produktivitätsfortschritt zunächst langsamer einsetzt. Das bedeutet einerseits, dass der Bedarf an Lohndifferenzierung in der DDR wesentlich größer sein dürfte als das, was die Gewerkschaften in der Bundesrepublik zu tolerieren bereit sind.

Zum anderen dürften kräftige, produktivitätsorientierte Einkommensschübe in einzelnen Bereichen Signale der Hoffnung setzen, die einer weiteren Abwanderung entgegenwirken. Gefährdet werden könnte diese Entwicklung allerdings von einem Lohnkostendruck durch die Gewerkschaften, die sich an den Löhnen in der Bundesrepublik orientieren. Aber schon ein Umstellungskurs für die Löhne, bei dem das Erfordernis der Wettbewerbsfähigkeit hinter sozialpolitische Wünsche zurückzutreten hätte, würde den wirtschaftlichen Neubeginn schwer belasten.

Hinsichtlich des Wettbewerbs als Motor eines schnellen Aufbruchs zeichnen sich auch Gefahren ab, denen vorgebeugt werden sollte. Zwei davon fanden bereits zumindest begrenzte Aufmerksamkeit: die westdeutsche Umarmung aus wettbewerbspolitischen Ausnahmebereichen heraus sowie die Affinität von Konzern- und Kombinatsbürokratien.

Im ersten Fall geht es darum, dass es an wünschenswertem Wettbewerb des Auslandes bei Beteiligungen an zur Zeit noch staatlichen Monopolunternehmen der DDR fehlt. In Bereichen wie der Versicherungswirtschaft scheinen Unternehmen aus der Bundesrepublik einen Akquisitionsvorteil zu haben, der sich aus der bisherigen Beschränkung des Auslandswettbewerbs in diesem Sektor ergibt. Im zweiten Fall geht es darum, dass die Kombinatsleitungen der DDR eine vorwettbewerbliche Einigung mit Konzernen der Bundesrepublik suchen könnten. Damit könnte die Möglichkeit einer wettbewerbsfördernden Entflechtung nicht zuletzt zugunsten von früheren Eigentümern zumindest präjudiziert werden.

Wettbewerbspolitisch bedeutsam ist in beiden Fällen, dass es hier nicht um Aktivitäten im Rahmen laufender Marktprozesse geht. Vielmehr sind die Ausgangsbedingungen für Wettbewerb vor allem eigentumsrechtlich erst zu schaffen. Hier kann nur auf eine selbstbewusste Wettbewerbspolitik der DDR und danach auf ein konsequentes Vorgehen der deutschen und europäischen Instanzen auch mit dem Blick auf den gemeinsamen Binnenmarkt gehofft werden.

4. Am Anfang steht die Freiheit – Das Credo der Freiburger Schule gibt Orientierungen für die neunziger Jahre

von Manfred E. Streit (F.A.Z. vom 12.01.1991)

Die Ökonomen feiern: am 17. Januar wird in einem Festakt in der Albert-Ludwigs-Universität in Freiburg des hundertsten Geburtstages von Walter Eucken gedacht. In den vierziger Jahren war Eucken Mitbegründer und herausragender Kopf der „Freiburger Schule" der Nationalökonomie. Die Lehre dieser Schule ist innerhalb der deutschsprachigen Ökonomie als „Ordnungspolitik" bekannt geworden: auf den Grundlagen des Eigentums und des Vertragsrechts baut sich eine Wirtschaftsordnung auf, an deren gedachtem Anfang die Freiheit steht; gestützt auf das Privatrecht, gestaltet die Gesellschaft sich selbst; der Staat kommt mit dem öffentlichen Recht dort ins Spiel, wo es gilt, die Freiheit des einen vor der Inanspruchnahme der Freiheit des anderen zu schützen. Das in der praktischen Politik so erfolgreiche Konzept der Sozialen Marktwirtschaft beruft sich auf Eucken, ergänzt aber den Freiburger Entwurf um das – eigentlich fremde – Element des sozialen Ausgleichs durch den Staat. Manfred E. Streit, Professor für Volkswirtschaftslehre in Freiburg, erläutert die Bedeutung der Lehre Euckens für die wirtschaftspolitischen Herausforderungen dieser Jahre und für die Diskussion über die Aufnahme wirtschaftlich bedeutsamer Staatsziele in die Verfassung.

Nach mehr als vier Jahrzehnten ist die Frage der Ordnung von Wirtschaft und Gesellschaft auf dramatische Weise wieder an die Spitze der politischen Agenda gerückt. Zwar drängten sich im Verlauf der deutschen Vereinigung Verteilungsfragen in den Vordergrund. Gleichwohl blieb das Denken in Ordnungen zentrales Erfordernis. Dabei stellten die beiden Verträge zur Vereinigung eine besondere Herausforderung dar. Hier ging es um mehr als Umtauschkurse und sozialverträgliche Übergangsregeln, von denen die Schlagzeilen meist beherrscht wurden. Es ging darum, einer vierzig Jahre bevormundeten Bevölkerung und den für sie Verhandelnden die Möglichkeiten und Grenzen zu vermitteln, innerhalb derer ihren Hoffnungen und Befürchtungen Rechnung getragen werden konnte. Dabei war vor allem Ordnungspolitik gefragt.

Ob diese Vermittlung gelungen ist, kann bezweifelt werden; denn sowohl für die politische Funktionselite und die Medienvertreter als auch für die Bürger der alten Bundesrepublik insgesamt dürfte ihre Wirtschafts- und Gesellschaftsordnung nach ebenfalls vierzig Jahren in erster Linie unreflektierte Alltagserfahrung sein. Gestaltet wird sie nach dem großen Wurf zu Beginn nur noch in kleineren, oft unbemerkten Schritten. Über diesen durchaus normalen Sachverhalt sollte der inflatorische Gebrauch des Wortes „ordnungspolitisch" im wirtschaftspolitischen Tagesgeschäft nicht hinwegtäuschen.

Der Wertebezug der Freiburger Denktradition

Infolgedessen verwundert es nicht, dass die große ordnungspolitische Herausforderung durch die deutsche Vereinigung eine Rückbesinnung auf die Anfänge der Bundesrepublik auslöste. Allerdings beschränkte sie sich nur zu häufig auf den Versuch, Lehren aus der Währungsreform von 1948 zu ziehen. Ferner erwiesen sich die Reden Ludwig Erhards als Quellen der Ermutigung und als Argumentationsstütze, wenn es darum ging, Ängsten, aber auch Angstparolen zu begegnen. Demgegenüber blieben die wissenschaftlichen und ideellen Grundlagen, aus denen Erhard seine Zuversicht und sein wirtschaftspolitisches Stehvermögen schöpfte, weitgehend unterbelichtet.

Wer nach wissenschaftlichen und ideellen Grundlagen der Erhardschen Position sucht, stößt notwendig auf eine Gruppe von Volkswirten und Juristen, die seit den dreißiger Jahren an der Universität Freiburg eine Forschungs- und Lehrgemeinschaft bildeten. Nach dem Kriege waren es nicht zuletzt der Volkswirt Walter Eucken und der Jurist Franz Böhm, deren Denken die ordnungspolitische Forschung, aber auch ihre Umsetzung in praktische Politik nachhaltig beeinflussten. Hinzu kam in der jüngeren Vergangenheit der immer noch wachsende Einfluss, den die Arbeiten des Nobelpreisträgers Friedrich A. von Hayek haben, der erklärtermaßen die Nachfolge des früh verstorbenen Eucken antrat. Vor allem von Hayek ist es zuzuschreiben, dass das spezifische Ordnungsdenken auch über die nationalen Grenzen hinweg wissenschaftliche Aufmerksamkeit und Anerkennung findet.

Von den Ergebnissen dieser Denktradition dürften die folgenden besonders aktuell sein: (1) Die Entsprechungen, welche in den Strukturen einer erfolgreichen politischen und wirtschaftlichen Ordnung wie der der Bundesrepublik bestehen. (2) Der Wertbezug oder die Normativität der Rechtsregeln, die die Strukturen der beiden Teilordnungen mitprägen. (3) Die Gefährdungen denen beide Teilordnungen von innen heraus ständig ausgesetzt sind. (4) Die ökonomische Funktionsunfähigkeit und ethische Fragwürdigkeit des Sozialismus diesseits gesellschaftlicher Utopien.

Der zuletzt genannte Punkt bedarf nach den Erfahrungen der jüngsten Zeit und dem, was an Erschreckendem weiterhin bekannt wird, weniger erörtert zu werden. Bemerkenswert ist jedoch, dass Forscher der Freiburger Tradition in dieser Einschätzung des real existierenden Sozialismus in den Gesellschaftswissenschaften lange eine Sondereinstellung einnahmen. Hinsichtlich der Funktionsfähigkeit sozialistischer Systeme fiel noch bis in die jüngste Zeit das vorherrschende Urteil im theoretisch Grundsätzlichen keineswegs einhellig aus. Abweichende Beurteilungen lassen sich vor allem darauf zurückführen, dass das Wissensproblem in der ökonomischen Theorie unterschätzt wurde. Es besteht im Kern aus der Unmöglichkeit der sozialistischen Planungsbürokratie, das auf Millionen von Individuen verstreute und ständig neu entstehende, wirtschaftlich bedeutsame Wissen für eine zentrale Wirtschaftslenkung auch nur annähernd zu nutzen.

Die mangelnde Rechenhaftigkeit, die sozialistischen Planwirtschaften immanent ist, wurde bereits von dem akademischen Lehrer von Hayeks, Ludwig von Mises, in den zwanziger Jahren und dann durch von Hayek selbst eingehend begründet. Eucken hat sie am Beispiel der nationalsozialistischen Planwirtschaft eindringlich dargestellt.

Dennoch war dies keineswegs eine von sehr vielen Ökonomen geteilte Auffassung. Das gilt auch und vielleicht sogar noch mehr für die negative Beurteilung der Ordnungsvorstellungen von einem „dritten Weg", die in der einen oder anderen Form eine sozialistische Marktwirtschaft beinhalten.

Für den Prozess der Vereinigung Deutschlands und noch mehr für die aufkommende Verfassungsdiskussion ist das zuvor an erster Stelle genannte analytische Ergebnis der Freiburger Tradition von besonderer Bedeutung: die strukturelle Entsprechung von politischer Verfassung und Wirtschaftsverfassung. Im Kern besteht sie darin, dass so, wie es in einem Rechtsstaat Aufgabe der politischen Verfassung ist, die Machtausübung durch staatliche Organe unter das Recht zu stellen und ihre Kontrolle zu ermöglichen, auch in der Wirtschaftsverfassung rechtliche Vorkehrungen für die Ausübung und Kontrolle wirtschaftlicher und damit privater Macht getroffen werden müssen. Es ist somit aus der Sicht dieser Tradition Aufgabe des Rechts, den Schutz des Bürgers vor staatlicher und privater Willkür zu ermöglichen.

Dort, wo wirtschaftliche Macht mit oder ohne Zutun des Staates entsteht und sich verfestigt, ergeben sich für die Mächtigen Chancen, ihren Willen nicht nur anderen Bürgern, sondern auch politisch Handelnden aufzunötigen. Dies ist eine der Lehren, die Eucken und Böhm aus der Vermachtung der deutschen Wirtschaft in der Zeit zwischen den beiden Weltkriegen zogen.

Dem Wettbewerb fehlte die rechtliche Anerkennung als Ordnungsprinzip, dem im Falle eines Konfliktes mit der Wahrnehmung der wirtschaftlichen Handlungsfreiheit Vorrang einzuräumen ist. Hinzu kam eine Vielzahl von „punktuellen Interventionen" (Eucken) mit wettbewerbsbeschränkender Wirkung. Sie waren zum Teil ihrerseits Folge entsprechenden Drucks, den wirtschaftlich Mächtige im politischen Willensbildungsprozess ausüben konnten. Was Eucken als „Fesselung des Staates durch die Wirtschaft" kritisierte, brandmarkte Böhm als „Refeudalisierung der Gesellschaft". Dementsprechend groß war das Engagement Böhms in der wettbewerbsrechtlichen Diskussion der Nachkriegszeit.

Am Beginn der Entwicklung des wettbewerbspolitischen Leitbilds stand Euckens konstituierendes Prinzip der „vollständigen Konkurrenz". Es war zumindest noch stark von realitätsfernen, wenn auch zu seiner Zeit gängigen theoretischen Vorstellungen mitgeprägt. Demgegenüber brach von Hayek mit solchen Vorstellungen. Er betont mit dem „Wettbewerb als Entdekkungsverfahren" die Unvorhersehbarkeit von Einzelergebnissen des Wettbewerbsprozesses als Ausdruck der Handlungsfreiheit der Beteiligten. Es blieb nicht zuletzt einem weiteren Freiburger Ökonomen, Erich Hoppmann, überlassen, im Anschluss an von Hayek der Wettbewerbsfreiheit als Schutzobjekt der Wettbewerbspolitik verstärkt Geltung zu verschaffen. Dies geschah zum Teil in heftiger Auseinandersetzung mit Vertretern der etablierten, im Rahmen ihrer begrenzten Möglichkeiten weiterentwickelten Wettbewerbstheorie. Die praktische Bedeutung dieser Erkenntnisse liegt einmal darin, dass sie zu einer skeptischen Einschätzung der wettbewerbspolitischen Möglichkeiten einer Missbrauchsaufsicht führen, wie sie das deutsche und europäische Wettbewerbsrecht vorsieht. Diese Skepsis verstärkt sich noch, wenn die Aufsicht marktwidrige Folgen, wie zum Beispiel Preiskontrollen, nach sich zieht. Zum anderen wird die Identifikation jener Möglichkeiten des Gebrauchs der wirtschaftlichen Handlungsfreiheit stärker betont, welche mit dem Blick auf das Ordnungsprinzip Wettbewerb als solche verboten werden sollten (sogenanntes Verbotsprinzip).

Dem Wertbezug der Freiburger Denktradition wurde nicht nur innerhalb der Gesellschaftswissenschaften ein Ideologieverdacht entgegengehalten. In Rede stand und steht ein als liberal identifiziertes Vorurteil. Tatsächlich wird bei dieser Kritik eines nicht gewürdigt: die Normativität der Rechtsregeln, welche die Rahmenbedingungen für Wirtschaft, Gesellschaft und Politik bilden, ganz unabhängig davon, welche wertende Grundhaltung ein Wissenschaftler dazu selbst einnimmt. Dabei ist es unstrittig, dass die Repräsentanten der Freiburger Tradition aus einer liberalen Grundhaltung sowohl wissenschaftliche Motivation als auch politisches Engagement gewannen. Ferner soll nicht unerwähnt bleiben, dass sie diese Position mutig und zum Teil unter Inkaufnahme persönlicher Nachteile gegenüber der nationalsozialistischen Gewaltherrschaft verteidigten. Es war diese Grundhaltung, die es ihnen erleichterte, schon früh zu erkennen, dass Faschismus in seiner totalitären und menschenverachtenden Qualität und die davon ausgehende Freiheitsbedrohung ebenso wenig nur am rechten Ende des politischen Spektrums angesiedelt ist, wie sich sozialistische Vorstellungen nur am linken Ende finden. Von Hayeks berühmtes politisches Buch, „Der Weg zur Knechtschaft“, erschienen 1944, wurde von ihm „den Sozialisten in allen Parteien“ gewidmet. Seine Gründe hierfür gehören inzwischen zu den gängigen Erkenntnissen aus der Analyse der wirtschaftspolitischen Willensbildung in Wohlfahrtsstaaten, die systembedingt dazu neigt, negative Nebenwirkungen auf die Funktionsfähigkeit der Marktwirtschaft und damit auf die materielle Basis der staatlichen Freigiebigkeit zu vernachlässigen.

Der Ordnungsrahmen der Privatrechtsgesellschaft

Es mag durchaus diese liberale Grundrichtung gewesen sein, die den Blick für den Wertbezug der Rechtsregeln schärfte, welche als institutionelle Voraussetzungen für eine funktionsfähige marktwirtschaftliche Ordnung erkannt wurden. Vor allem Böhm und von Hayek analysierten die spezifischen Eigenschaften und normativen Bezüge der Rechtsregeln, die den institutionellen Gehalt von Euckens konstituierenden Prinzipien Privateigentum, Vertragsfreiheit und Haftung ausmachen. Die mit den drei Prinzipien umrissenen Handlungsmöglichkeiten der Bürger werden mit Hilfe des Privatrechts geregelt. Die Beachtung und Nutzung dieser Rechtsregeln erlaubt es ihnen, ihre individuellen wirtschaftlichen Zwecke zu verfolgen und in den Fällen, in denen sie der Mitwirkung anderer bedürfen, jene dafür mit Hilfe von Verträgen zu gewinnen. Auf diese Weise stimmen Millionen von natürlichen und juristischen Personen (zum Beispiel Unternehmen) ihre Wirtschaftspläne ständig aufeinander ab.

Damit diese Koordination durch den Vertrag als rechtlichem Ausdruck des Marktgeschehens entsprechend der unübersehbaren Vielfalt der Absichten und Umstände der Individuen möglich ist, müssen die Rechtsregeln unabhängig vom jeweiligen Einzelfall, von den beteiligten Personen und den von ihnen verfolgten Zwecken anwendbar sein. Wird darüber hinaus berücksichtigt, dass auch in den anderen Teilbereichen gesellschaftlichen Lebens das Privatrecht den Ordnungsrahmen abzugeben vermag, wird verständlich, warum Böhm eine Gesellschaft, die sich mit Hilfe dieses Rechts selbst gestaltet, als „Privatrechtsgesellschaft“ bezeichnen konnte. Marktwirtschaft bedarf des Privatrechts als Regelsystem. Öffentliches Recht und damit unmittelbare staatliche Einflussnahme kommt allerdings in dem Maße hinzu, wie mit Hilfe des Rechts der Wettbewerbsbeschränkungen die Wahrnehmung von Vertragsfreiheit und Eigentumsrechten zur Entfaltung privater wirtschaftlicher Macht begrenzt beziehungsweise verhindert werden soll.

Die Normativität des für eine Marktwirtschaft erforderlichen Regelsystems beginnt sich zu erschließen, wenn berücksichtigt wird, dass im Geltungsbereich des Privatrechts die Rechtssubjekte grundsätzlich gleichgeordnet sind. Das gleiche Recht für alle gilt sowohl für ihre Kooperation, die sich in erster Linie auf der Grundlage von Verträgen vollzieht, als auch für die Regelung von Konflikten mit Hilfe des Rechts und unter Inanspruchnahme des Staates als Wahrer der Privatrechtsordnung. Zur Gleichordnung gehört auch, dass die individuellen Interessensphären -nicht zuletzt durch Eigentumsrechte – gegeneinander abgegrenzt sind. Auf diese Weise finden – ganz im Verständnis von Immanuel Kant – die Handlungsmöglichkeiten des einzelnen dort ihre Grenzen, wo deren Wahrnehmung die Freiheit anderer beschränken würde. Die Normativität des Privatrechts besteht also darin, dass es eine für alle gleiche Freiheit gewährleisten soll.

Dem hat auch die Rechtsprechung zu folgen. Im Konfliktfall nimmt der Richter die Rolle eines an die Rechtsregeln gebundenen unparteiischen Beobachters ein. Seine Urteilsfindung hat sich allein an den Umständen zu orientieren, mit denen die Konfliktparteien rechneten oder rechnen konnten. Die entscheidende Konsequenz lässt sich mit den Worten Ernst-Joachim Mestmäckers, der als Schüler Böhms den Brückenschlag zwischen dessen Denken und dem von von Hayek vollzog, dahin gehend zusammenfassen, dass der Richter nicht entscheidet, als ob er Gesetzgeber wäre.

Hierin liegt zugleich ein zentraler Unterschied zur Rechtsprechung in der vormaligen DDR. Ausschlaggebender Bezugspunkt für eine rechtliche Würdigung, etwa von Verträgen, waren gerade nicht die individuellen Umstände, sondern die „sozialistische Moral“. Für sie aber hatten Partei und Staat das Interpretationsmonopol. Das war auch unumgänglich, wenn der Staat die Kontrolle über das Wirtschaftsgeschehen behalten wollte. Die wirtschaftlich relevanten Rechtsregeln sollten den Zwecken der Planungsbürokratie dienen und nicht den Bürgern bei der Verfolgung ihrer selbstgesetzten Zwecke. Die darin angelegte weitgehende Aufhebung der individuellen Freiheit lässt sich nur bestreiten, wenn angenommen wird, dass Abweichungen von dem, was als Ausdruck sozialistischer Moral gelten soll, lediglich auf falschem Bewusstsein oder gar Böswilligkeit beruhen kann.

Die Rolle des Staates in der Sozialen Marktwirtschaft

Mit der Unterscheidung zwischen selbstgesetzten und staatlich vorgegebenen Zwecken wird zugleich ein Unterschied zwischen den Gesetzen des bürgerlichen Rechtsstaates und dem Recht des Obrigkeitsstaates angesprochen, den von Hayek immer wieder hervorhebt. Er ist auch von Bedeutung, wenn es darum geht, im Sinne der Konzeption der sozialen Marktwirtschaft „das Prinzip der Freiheit auf dem Markte mit dem des sozialen Ausgleichs zu verbinden", wie dies der Kölner Ökonom und Weggefährte Ludwig Erhards als dessen Staatssekretär, Alfred Müller-Armack, so eingängig formulierte. Der Verbindung dürfte zwar ein beträchtlicher Teil der politischen Akzeptanz der Konzeption zuzuschreiben sein. Jedoch ergeben sich daraus auch Gefährdungen der wirtschaftlichen wie der politischen Ordnung, die von Hayek und Böhm veranlasst haben, auf kritische Distanz zu gehen.

Wird nämlich der Staat verpflichtet, für einen sozialen Ausgleich zu sorgen, ändert sich notwendig sein Verhältnis zu Gesellschaft und Wirtschaft im Vergleich zum Staat der Privatrechtsgesellschaft. Die Gesellschaft gestaltet sich nun nicht mehr im Wesentlichen selbst im Rahmen und unter dem Schutz allgemeiner Gesetze, sondern soll vom Staat mit dem Ziel des sozialen Ausgleichs mitgestaltet werden. Mit den dazu erforderlichen Gesetzen und den aus ihnen ableitbaren Interventionen sollen in der Regel spezifische Ergebnisse für bestimmte Personen und Gruppen als solche oder in vorzugebenden Fällen angestrebt werden.

Die von diesen Gruppen artikulierten und die bei ihnen vermuteten Interessen gelten aufgrund der mit der Gesetzgebung verbundenen politischen Entscheidung als besonders schütz- und fürsorgebedürftig. Dementsprechend beinhalten sozialstaatlich begründete Interventionen ergebnisorientierte Ungleichbehandlungen oder Privilegien zugunsten von als schütz- oder fürsorgebedürftig erklärten Personen und Gruppen. Damit sollen bestehende und erwartete materielle Ungleichheiten gemildert, beseitigt oder vermieden werden.

Zwar haben dann alle Bürger immer noch gleichen Zugang zum Recht. Ihre Rechte sind jedoch nicht mehr gleich.

Je mehr aber der Staat durch Vorgabe von Staatszielen wie dem des sozialen Ausgleichs zur Gesellschaftsgestaltung verpflichtet wird, desto mehr muss die im freiheitlichen Rechtsstaat angelegte Trennung zwischen Staat und Gesellschaft durchbrochen und verschoben werden. In diesem Zusammenhang könnte es sich als folgenschweres Versäumnis politischer Pädagogik erweisen, dass die politischen Vertreter der alten Bundesrepublik es weitgehend unterließen, die Sozialstaatlichkeit gegenüber dem abzugrenzen, was in der DDR als sozial galt. Manche von ihnen gingen sogar so weit, Anspruchsrechte auf Arbeit und Wohnung als erwägenswert anzusehen, obgleich diese letztlich dazu gedient hatten, die Bürger der DDR mit Hilfe von vorenthaltenen Einkommen und durch Raubbau am „Volkseigentum" (zum Beispiel dem Gebäudebestand) in Abhängigkeit und Unmündigkeit zu halten.

Freiheit bedeutet auch das Risiko des Scheiterns

Aus der Perspektive der Rechtsordnung entsteht mit der Vorgabe von Staatszielen die Gefahr, dass Rechtsstaatlichkeit immer mehr auf das Erfordernis reduziert wird, wonach die Verfolgung von Staatszwecken einer gesetzlichen Grundlage bedarf, aber ansonsten nicht von vornherein begrenzt ist. Recht wäre dann, was eine gesetzgebende Körperschaft beschließt. Ebenso müssen Richter bei der Beurteilung privater Konflikte zunehmend im Interesse der Staatsziele Partei ergreifen und so zum Gesetzgeber werden. Der aufgezeigten Entwicklungsmöglichkeit steht allerdings (noch?) entgegen, dass im Grundgesetz Rechtsstaatlichkeit und Sozialstaatlichkeit nebengeordnet sind. Hieraus lässt sich schließen, dass die Unterscheidung zwischen Staat und Gesellschaft nicht als aufgehoben gelten kann. Vielmehr soll, wie es der Freiburger Jurist Ernst-Wolfgang Böckenförde formulierte, zwischen Rechtsstaat und Sozialstaat „ein Verhältnis rechtlicher Verknüpfung und wechselseitiger Begrenzung" bestehen.

Mit dieser Interpretation des Grundgesetzes und ihrer möglichen Absicherung durch das Verfassungsgericht sind jedoch die Gefährdungen nicht gegenstandslos, die Eucken, Böhm und von Hayek erkannten. Sie ergeben sich aus den Eigengesetzlichkeiten des politischen Willensbildungsprozesses, mit dessen Hilfe das unbestimmte Prinzip der Sozialstaatlichkeit konkretisiert werden muss. Die Konkretisierungen sind in erster Linie das Ergebnis des Zusammenwirkens von Politikern und Vertretern von Interessenverbänden, die Arbeitsmarktverbände eingeschlossen. Beide Seiten müssen dabei ihre Popularität im Auge behalten, und die ist nach allem, was wir wissen und ständig beobachten können, nicht gerade von einer restriktiven Auslegung der Sozialstaatlichkeit als einer „Verfassungsnorm mit Ermächtigungscharakter" (so der Freiburger Jurist Ernst Benda) abhängig. Auf diese Weise durchdringen sich allmählich Staat und Gesellschaft. Es tritt sowohl eine „Vergesellschaftung des Staates" als auch eine „Verstaatlichung der Gesellschaft" (Böhm) ein. Die politisch Verantwortlichen verlieren ihre Autonomie unter dem Druck der Verbände. Die Bürger verlieren ihre Möglichkeiten der Selbstbestimmung, aber auch Selbstverantwortung und werden zunehmend abhängiger von fürsorglicher, staatlicher Betreuung.

Was droht, ist ein demokratisch legitimierter, sanfter Tod der Freiheit im Namen der sozialen Gerechtigkeit. Aus mehreren Gründen regt sich gegen diese Bedrohung wenig Widerstand. Von vielen wird sie gar nicht erkannt, weil ihnen der Konflikt zwischen Sicherung der Freiheit und Realisierung sozialer Gerechtigkeit nicht bewusst ist. Für andere stellt sich das Problem so nicht, weil sie sich in materieller Bedrängnis sehen. Sie betonen, dass man in Freiheit sehr wohl Not und damit materielle Unfreiheit in einer Gesellschaft von Wohlhabenden erfahren kann, Schließlich gibt es diejenigen, welche rücksichtslos sozialstaatliche Privilegien für eine von ihnen vertretene Klientel herausschinden möchten. Sie bewirken im Grunde erst, was sie zum Teil selbst beklagen und der marktwirtschaftlichen Ordnung anlasten möchten, eine Ellenbogengesellschaft. Nirgendwo sind Ellenbogen so nützlich, wie gerade beim Erringen von Privilegien und in den Warteschlangen einer sozialistischen Mangelverwaltung.

Denjenigen aber, welche die Gefährdung der Freiheit von innen sehen, wird die Argumentation dadurch erschwert, dass Freiheit auch etwas abverlangt, während soziale Gerechtigkeit nur etwas zu geben verspricht. Freiheit von der Willkür anderer eröffnet zwar Lebenschancen. Die Chancen selbstverantwortlich wahrzunehmen, fällt jedoch nicht jedem leicht. Mancher erliegt den Verlockungen eines im Namen der sozialen Gerechtigkeit betreuten Menschen. Hieraus, aber auch aus schwer abweisbaren Fällen unverschuldeter Benachteiligung und Not erwächst die Akzeptanz dafür, Freiheit sicherndes, formales Recht mit dem Ziel eines sozialen Ausgleichs materiell zu verändern. Jedoch fehlt es an einem dauerhaften Kompromiss zwischen der Sicherung der individuellen Freiheit und dem sozialen Ausgleich. Damit ist zugleich die leere Stelle in der Konzeption der sozialen Marktwirtschaft markiert. Die Aufgabe wurde schon vor 150 Jahren von Alexis de Tocqueville klar definiert: „Der Sozialgewalt weitgezogene, aber sichtbare und unveränderliche Grenzen setzen, dem Privaten bestimmte Rechte gewähren und ihnen den unangefochtenen Genuss dieser Rechte verbürgen,..., das scheint mir im Zeitalter, in das wir eintreten, die erste Aufgabe des Gesetzgebers zu sein."

5. Krücken für die Champions – Auch auf europäischer Ebene bleibt Industriepolitik ein Irrweg – Der Produktförderung folgt alsbald der Handelsprotektionismus

von Manfred E. Streit (F.A.Z. vom 20.06.1992)

Die Industriepolitik ist zu hohen Ehren gekommen. Mit der Ratifizierung des Vertrages von Maastricht wird diese interventionistische Variante der Wirtschaftspolitik in Deutschland einen Über-Verfassungsrang genießen: dann wird die Industriepolitik nicht nur zu den rechtlich verankerten Aufgaben der Gemeinschaft zählen; mit der Unterzeichnung des Vertrages hat automatisch auch die Bundesrepublik die Industriepolitik übernommen. Dass diese ordnungspolitische Kehrtwendung mit verfassungsänderndem Charakter auf einer Konferenz der Regierungschefs faktisch beschlossen werden konnte, deutet auf den bedenklichen Schwebezustand hin, in den die europäische Integration staatsrechtlich geraten ist. Ökonomisch ist die Industriepolitik auf europäischer Ebene das, was sie auf nationaler Ebene immer gewesen ist: eine staatliche Krücke für die „Champions" der Zukunft und die Fußkranken der Vergangenheit. Manfred E. Streit, Professor für Volkswirtschaftslehre an der Universität Mannheim, beschreibt die Risiken dieses ordnungspolitischen Irrwegs.

Mit Titel XIII des Vertrages über die Europäische Union werden die Gemeinschaft selbst, aber auch die einzelnen Mitgliedstaaten beauftragt, eine Industriepolitik zu entwickeln. Für die Gemeinschaft wurde „die Stärkung der Wettbewerbsfähigkeit der Industrie" als zusätzliche Tätigkeit in Artikel 3 EWG-Vertrag aufgenommen und damit dem Schutz des Wettbewerbs innerhalb des Binnenmarktes vor Verfälschungen gleichgestellt.

Ein Leser von Titel XIII, der auf die Sicherung der marktwirtschaftlichen Ordnung bedacht ist, muss nicht unbedingt sofort alarmiert sein. Er findet zu seiner Beruhigung, „dass die notwendigen Voraussetzungen für die Wettbewerbsfähigkeit der Industrie der Gemeinschaft gewährleistet" werden sollen und eine „Tätigkeit entsprechend einem System offener und wettbewerbsorientierter Märkte" intendiert ist.

Schließlich kann er feststellen, dass die ursprünglich im Entwurf vorgesehenen weitreichenden Ermächtigungen des Ministerrates zu spezifischen Maßnahmen zur Unterstützung der in den Mitgliedstaaten durchgeführten Industriepolitik nunmehr wenigstens eines einstimmigen Beschlusses bedürfen. Gleichwohl wird er sich fragen, wie oft von einem Veto Gebrauch gemacht werden kann und was geschieht, wenn spezifische Maßnahmen in einem „Paket" von anstehenden Entscheidungen mitverschnürt werden. Unter diesen Umständen auf die Unumstößlichkeit eines Vetos zu vertrauen wäre blauäugig.

Zweifel treten bei der Lektüre jedoch spätestens auf, wenn die im Entwurf aufgelisteten Ziele der Industriepolitik (Erleichterung der Anpassung an strukturelle Veränderungen; Förderung eines für Initiative und Weiterentwicklung günstigen Umfelds; Förderung eines Tür die Zusammenarbeit zwischen Unternehmen günstigen Umfelds;

Förderung einer besseren Nutzung des industriellen Potentials der Politik in den Bereichen der Innovation, Forschung und technologischen Entwicklung) genannt werden. Ihre Interpretationsfähigkeit ist – wie bei allen Formelkompromissen – fast unbegrenzt.

Die Zweifel dürften sich noch verstärken, wenn der Leser berücksichtigt, dass die Kommission die Textilindustrie, die Automobilindustrie, die Militärtechnik und die sogenannte Hochtechnologie als konkrete Felder gemeinschaftlicher Industriepolitik bereits benannt hat. Ginge er von einem Verständnis marktkonformer Industriepolitik aus, das heißt von der Gewährleistung allgemeiner, für die Unternehmen günstiger Rahmenbedingungen (zum Beispiel Infrastrukturausstattung, Förderung der Grundlagenforschung), so gäben Äußerungen der Kommission eine alarmierende Antwort auf seine Kontrollfrage: Warum bedurfte es überhaupt der Aufnahme eines industriepolitischen Auftrags an die Gemeinschaft und die Mitgliedstaaten, wo doch eine allgemeine, den Wettbewerb nicht verfälschende Wirtschaftsförderung ohnehin schon zu den Aufgaben der Gemeinschaft (Artikel 2 und 3 EWG-Vertrag) gehörte?

Der Verdacht, dass mit dem Vertrag zur Europäischen Union die Grundlage für eine dirigistische Industriepolitik gelegt werden soll, verdichtet sich nahezu zur Gewissheit, wenn die Vorgeschichte und die Interessen der Beteiligten berücksichtigt werden.

Schon vor der Verabschiedung der Einheitlichen Europäischen Akte (EEA) und den mit ihr verbundenen Änderungen des EWG-Vertrags hatte die Kommission wiederholt (in den Jahren 1970, 1982 und 1985) Vorstöße zur Entwicklung einer Industriepolitik gemacht, die an einer interventionistischen, auch die Handelspolitik der Gemeinschaft einbeziehenden Haltung keinen Zweifel ließen. Zu den Verdachtsmomenten gehört auch, dass unverfälschter Wettbewerb nicht als Gebrauch der Wettbewerbsfreiheit verstanden wird, sondern als Instrument zur Erreichung von vorgegebenen Zielen, als ein Instrument, das der Ergänzung und Kontrolle durch eine vorausschauende Politik vor allem bei Forschung und technischer Entwicklung bedürfe.

Mit dem als Folge der Einheitlichen Europäischen Akte in den EWG-Vertrag eingefügten Titel XV, „Forschung und technologische Entwicklung“, wurde bereits 1986 ein bedeutender Schritt hin zu einer interventionistischen Industriepolitik auf Gemeinschaftsebene getan. Auf der Grundlage von Artikel 130f wurden Interventionen ermöglicht, die bis zur Verfolgung von spezifischen technischen Zielen mit Hilfe von Subventionen reichen.

Damit zog die Gemeinschaft als Ganzes gewissermaßen nach; denn einige Mitgliedsstaaten hatten sich vor allem mit der Initiative Eureka (European Research Coordination Action) eine Plattform dafür geschaffen, an der Europäischen Gemeinschaft vorbei (auch mit Nichtmitgliedstaaten) nur solche Projekte zu finanzieren, an denen sie ein unmittelbares Interesse haben. Der dirigistische und handelspolitisch bedenkliche Charakter dieses Vorgehens war und ist unübersehbar, wenn berücksichtigt wird, dass nach der Eureka-Grundsatzerklärung solche zivilen Projekte staatlich unterstützt werden, „die auf die Entwicklung von Produkten, Systemen und Dienstleistungen mit einem weltweiten Marktpotential ausgerichtet sind und auf Hochtechnologien aufbauen“.

Auswüchse des Wahns der Machbarkeit

Die Bestrebungen einzelner Mitgliedstaaten (auch der Bundesrepublik) in der Technologiepolitik als Teil der Industriepolitik werden durch die Kommission handelspolitisch ohnehin schon seit längerem unterstützt. Diese Vermutung liegt nahe, wenn berücksichtigt wird, dass sich die EG-Kommission bei ihren Anti-Dumping-Maßnahmen, gestützt auf äußerst fragwürdige Methoden der Bestimmung von Dumping-Margen, sowie bei den initiierten Selbstbeschränkungsabkommen zunehmend auf technisch hochentwickelte Güter konzentriert.

Der Verdacht, dass die Handelspolitik in den Dienst einer strukturgestaltenden Industriepolitik gestellt wird, erhärtet sich noch weiter, wenn ergänzende Maßnahmen wie Local-Content-Vorgaben berücksichtigt werden. Im Bereich der Elektronik ist es inzwischen „gelungen", diese Vorgaben eines Mindestanteils von in der Gemeinschaft zu produzierenden Teilen auch qualitativ so festzulegen, dass damit zum Beispiel in der Gemeinschaft erzeugte Halbleiter mit einer spezifischen Fertigungstiefe vor Wettbewerb aus Drittländern geschützt sind.

Schließlich wurde in Maastricht ein handelspolitischer Rückschritt in industriepolitischer Absicht mit negativen Nebenwirkungen für den Binnenmarkt insofern vereinbart, als Artikel 115 EWG-Vertrag im Wesentlichen weiterhin Gültigkeit haben soll. Artikel 115 gab den Mitgliedstaaten, welche bestimmte Branchen (zum Beispiel die Automobilproduktion) vor Konkurrenz aus Drittländern schützten, die Möglichkeit, den indirekten Import über liberalere Mitgliedstaaten zu verhindern. Im Grunde hätten die mit dieser Vorschrift abgedeckten Reste an national-staatlicher handelspolitischer Kompetenz mit dem Binnenmarkt durch Streichung dieses Artikels abgetreten werden müssen.

Durch den vereinbarten industriepolitischen Auftrag an die Mitgliedstaaten gewinnt der Artikel jedoch eine neue Bedeutung. Mitgliedstaaten, die weiterhin oder neuerdings die Auffassung vertreten, zum Beispiel die industriegeschichtlich betagte Automobilindustrie sei (noch) nicht überall in der Lage, im weltweiten Wettbewerb, vor allem mit Japan, zu bestehen, können nunmehr ihren Sonderweg industriepolitisch legitimieren. In solchen Branchen wird dann der gemeinsame Binnenmarkt zum schönen Schein; denn es kann hier durchaus auf bürokratischen Einfallsreichtum vertraut werden, mit dessen Hilfe die wegfallenden Binnengrenzen ersetzt werden.

Aufgrund der genannten Vertragselemente sowie der Absichtserklärungen und bisherigen Praktiken von Kommission und Mitgliedstaaten wäre es weltfremd zu glauben, dass mit dem Vertrag etwas anderes als eine dirigistische Industriepolitik legitimiert worden ist. Von den einschlägigen Praktiken ist die Bundesrepublik keineswegs ausgenommen. Das Schwergewicht lag allerdings bislang – wie in anderen Mitgliedstaaten – bei Bemühungen, einzelne Branchen (zum Beispiel Kohlebergbau, Schiffbau, Landwirtschaft) über Jahrzehnte hinweg mit ständig steigenden direkten und indirekten Subventionen gegen den Strukturwandel abzuschirmen.

Die mit Subventionen gewährte Zeit zur Anpassung ist de facto nahezu unbegrenzt, Der Ende der sechziger Jahre offiziell verkündete und von Ökonomen immer wieder angemahnte Grundsatz, Hilfen von vornherein nur gesetzlich befristet und in abnehmendem Umfang zu gewähren, wird regelmäßig ignoriert. Auf diese Weise werden auch von denjenigen Politikern Chancen vertan, die es mit dem Subventionsabbau einigermaßen ernst meinen. Eine Frage drängt sich dabei auf: Wie hoch wäre eigentlich die Subventionsrechnung, und wie lange wäre sie zu zahlen, wenn dem durch die sozialistische Misswirtschaft ruinierten Ostdeutschland aus Gründen der Fairness die gleiche Zeit zur Anpassung gewährt würde?

Die Vorstellung von einer gestaltenden, vorausschauenden Industriepolitik ist selbst in der Bundesrepublik ein alter Hut. In den sechziger Jahren suchte das Bundeswirtschaftsministerium mit den Grundsätzen sektoraler und regionaler Strukturpolitik den schlimmsten Auswüchsen des wirtschaftspolitischen Machbarkeitswahns dieser Periode vorzubeugen. Zu ihm gehörte die auch später immer wieder propagierte direkte Investitionslenkung.

Industriepolitische Wechsel auf die Zukunft wurden viele gezogen. Was mit ihnen eingelöst wurde, waren Subventionsmonster, die aus Prestigegründen wider bessere Einsicht durchgehalten wurden. Ob Großrechner, Hochtemperaturreaktoren, Magnetschwebebahnen, Großraumflugzeuge oder Mikrochips, wirtschaftspolitische Lehren wurden aus diesen Fehllenkungen von Steuermitteln ebensowenig gezogen wie aus den vielen kleineren Flops des industriepolitischen Aktionismus.

Zum Standardrepertoire an Begründungen für diesen milliardenschweren Unfug gehört stets der Hinweis auf tatsächliche oder vermeintliche, technische und organisatorische Errungenschaften in anderen Ländern, zunächst vor allem in den Vereinigten Staaten, neuerdings besonders in Japan. So ausgemachte technologische Lücken, die ein Abrutschen in die technologische Abhängigkeit und den Niedergang als Exportnation als bevorstehend signalisieren sollen, wurden in den letzten dreißig Jahren immer wieder diagnostiziert.

Nur gezielte staatliche Förderung schien da noch zu helfen, wo Markt und Wettbewerb offensichtlich versagten. Schon die Diagnose entbehrt eines überprüfbaren Bezugssystems. Ein mehr oder weniger fundierter Technikvergleich hilft da wenig. Aus solchen „Lücken" folgt nicht ohne weiteres, dass sie durch staatlich geförderte Imitation geschlossen werden sollen. Zu Ende gedacht, könnte man sonst wesentliche Felder internationaler Arbeitsteilung dem Wettbewerb der Forschungsministerien überantworten. Mit ihren gezielten Subventionen diskriminieren sie ohnehin schon Initiativen solcher Unternehmen, die ihre Chance im internationalen Wettbewerb auf anderen Feldern oder an anderen Stellen von Wertschöpfungsketten suchen.

Übersehen oder geleugnet wird dabei immer wieder, dass es vorab kein verlässliches Wissen über die relativen Vorteile von Unternehmen und Regionen in der Arbeitsteilung geben kann. Diese Vorteile in Ermangelung eines solchen Wissens eigenverantwortlich aufzuspüren, aber auch lohnend erscheinende Innovationen anderer aufzugreifen, ist gerade eine Hauptaufgabe von Unternehmern, deren Wahrnehmung zu Entwicklungsgewinnen berechtigt.

Ebenso sorgt die Verlustandrohung dafür, dass sie bei der Wahrnehmung dieser Funktion in der Regel die gebotene Vorsicht walten lassen. Politiker und Beamte, die Gestaltungssubventionen verteilen und verwalten, dürften trotz allen eingeholten Rats, der im Zweifel auch noch von den zu Begünstigenden kommen muss, kaum komparative Vorteile als Ersatzunternehmer haben. Hinzu kommt, dass sie sich durchaus verständlich und gut erklärbar keineswegs nur von vermeintlichen Sachargumenten leiten lassen (können), sondern in erster Linie Bedingungen für das eigene politische Überleben beziehungsweise das berufliche Fortkommen im Auge haben (müssen).

Eine Theorie wird zum Selbstbedienungsladen

Für die Ökonomen galt das Pro und Kontra bei der Industriepolitik seit längerem als ausgereizt. Die Skepsis überwog auch bei denen, welche mit Vermutungen eines Marktversagens wirtschaftspolitisch noch etwas anzufangen wussten; denn sie mussten zumindest berücksichtigen, was Politiker, gestützt auf solche Vermutungen, tatsächlich tun. Dies wiederum ist mit Hilfe der ökonomischen Theorie der Politik überzeugend erklärbar.

Die Diskussion um die Industriepolitik belebte sich jedoch schlagartig, als – legitimiert durch die formale Eleganz spieltheoretischer Modelle – die merkantilistische Vorstellung untermauert schien, dass Vorteile im internationalen Handel selektiv mit Hilfe staatlicher Maßnahmen geschaffen werden könnten. Die Modelle sollen zeigen, dass einzelne Länder (oder Ländergruppen) ihren Wohlstand erhöhen können, wenn sie solchen heimischen Sektoren eine privilegierte Position verschaffen, von denen entweder erwartet wird, dass sie in der Lage seien, Vorteile der Serienproduktion zu realisieren, oder deren Expansion in beträchtlichem Umfang positive Wirkungen auf andere heimische Unternehmen zugeschrieben werden, für die keine Erlöse vom Verursacher erzielbar sind (externe Ersparnisse).

In beiden Fällen erfordert der Aufbau solcher strategischer, technisch hochentwickelter Sektoren einen nachhaltig geschützten Binnenmarkt, von dem aus eine gewinnträchtige, marktbeherrschende Stellung im internationalen Handel aufgebaut werden kann. Darüber hinaus ist es besser, wenn es gelingt, Vorteile des „Wer zuerst kommt, mahlt zuerst“ im Sinne eines Vorsprungs vor anderen Ländern anzustreben, als Terrain für heimische Sektoren vor allem mit Hilfe von nichttarifären Handelsbeschränkungen zurückerobern zu müssen.

Mittlerweile hat die theoretische Diskussion gezeigt, wie sehr die aufgrund der Modellergebnisse vermeintlich naheliegenden Politikempfehlungen von ganz speziellen Annahmen abhängen, die in der Realität trotz großer Anstrengungen nicht wiederzufinden sind. Aber auch dann, wenn geeignete Industrien identifiziert werden könnten, gibt es eine Vielzahl von Gründen für die Erwartung, dass die Kosten einer solchen Strategie schon sehr bald die erhofften Erträge übersteigen, die Gefahren eines Handelskrieges eingeschlossen.

Selbst die wenigen in diesem Zusammenhang immer wieder genannten Kandidaten – vor allem „Airbus Industrie“ und Mikroelektronik – geben keinerlei Anlass zu Optimismus. Nach den in Europa gemachten Erfahrungen sind sie eher Beispiele dafür, wie aus Starthilfen Dauersubventionen werden beziehungsweise wie aus protektionsgestützten Versuchen, Terrain zurückzugewinnen, eine Schädigung der Verwender der Produkte der gestützten Industrie wird.

Dieser ernüchternde Befund dürfte sich ebensowenig ändern, wenn berücksichtigt wird, dass inzwischen das Phänomen externer Ersparnisse auch die wachstumstheoretische Diskussion belebt. Bei genauerem Hinsehen liefern hier die verschiedenen Modelle nicht mehr als formale Wiederholungen eines alten Arguments zugunsten einer staatlichen Forschungsförderung. Selbst wenn man die Argumentation so akzeptierte, wäre eine gezielte Industriepolitik wieder mit einem unlösbaren Informationsproblem konfrontiert.

Es ergibt sich daraus, dass die Förderung nach dem Ausmaß an externen Ersparnissen zu bemessen wäre, welches von einer spezifischen Industrie erwartet würde. Darüber hinaus ist jedoch ein entscheidender Vorbehalt auch gegenüber der neuen Wachstumstheorie zu machen: Der Versuch, den bislang beträchtlichen, unerklärten Rest wirtschaftlicher Dynamik einer Art Auffanggröße – genannt externe Ersparnisse – zuzuschreiben, kann kein realitätsnaher Ersatz für die Analyse der Entwicklungsqualität des Wettbewerbs als Entdeckungsverfahren sein, wohl aber – wie die Theorie des Marktversagens schon bisher – eine Begünstigung marktwidrigen Interventionismus.

Es war nicht zuletzt die Erfahrung, dass die ökonomische Theorie sehr schnell von interventionsgeneigten Politikern und Bürokraten sowie Privilegien suchenden Verbandsfunktionären und Managern als Selbstbedienungsladen missbraucht werden kann, welche Ökonomen jenseits des Atlantiks veranlasste, die Anwendbarkeit ihrer so verheißungsvollen Modelle kritisch zu prüfen. Das Ergebnis stand im Grundsätzlichen von vornherein fest: Von einer theoretischen Möglichkeit kann nicht ohne weiteres auf ihre wirtschaftspolitische Verwertbarkeit geschlossen werden.

Obgleich dies eine Selbstverständlichkeit ist, dürfen der Legitimationsbedarf der Politik und die damit verbundene Neigung nicht übersehen werden, theoretische Vorbehalte beiseite zu schieben und die mit ihrer Hilfe gewonnenen Ergebnisse als Wahrheiten zu behandeln. Kommen, wie in diesem Fall, noch entsprechende Vermarktungsstrategien für wissenschaftliche Ergebnisse hinzu, dann ist es nicht mehr verwunderlich, dass Ökonomen sich plötzlich in der Rolle des Zauberlehrlings wiederzufinden glauben. Allerdings zeigt auch die Geschichte industriepolitischer Initiativen in der Europäischen Gemeinschaft, dass diese Rolle nur eine Nebenrolle im eher politisch-ökonomisch erklärbaren Geschehen sein dürfte.

Eine Nebenrolle dürften allerdings, ebenso solche Ökonomen spielen, die immer wieder ordnungstheoretische Vorbehalte gegen eine gezielte Industriepolitik geltend machen. Die neuen Argumente für eine solche Politik konnten an diesen Vorbehalten nichts ändern. Ihre kritische Prüfung hat vielleicht sogar dazu beigetragen, einen Konsens zwischen Ökonomen zu begünstigen. Das ändert jedoch nichts daran, dass eine gezielte Industriepolitik nach Maastricht einen neuen politischen Stellenwert erhalten hat.

Einladung zu allerlei Nötigungen

Nunmehr gehört Industriepolitik zu den rechtlich verankerten Aufgaben der Gemeinschaft. Die Aufgabe selbst ist, wie dargelegt, keineswegs so definiert, dass ihrer dirigistischen Wahrnehmung vorbeugend Grenzen gesetzt sind. Da sie ferner den gleichen

Rang wie andere in Artikel 3 EWG-Vertrag genannte Tätigkeiten hat, sind Konflikte vor allem mit dem Schutz des Wettbewerbs vor Verfälschungen nicht auszuschließen.

Konkret bedeutet das, dass eine restriktive Beihilfenpraxis der Kommission nach Artikel 92 ff. EWG-Vertrag eher in Frage gestellt werden kann. Auch die Fusionskontrolle sowie die Politik der Freistellung von Unternehmensvereinbarungen vom Kartellverbot des Artikels 85 Absatz 1 sind nunmehr durch den industriepolitischen Auftrag relativierbar. Für die Handelspolitik genügt der Hinweis auf die Position, die der Kommissionspräsident Jacques Delors im vielzitierten Cecchini-Bericht zum gemeinsamen Binnenmarkt ohnehin schon eingenommen hat: „Es kann nicht Zweck eines gemeinsamen Wirtschaftsraums sein, unsere Binnenmärkte der Konkurrenz von außen preiszugeben." Kein Wunder, dass zum Beispiel das VW-Vorstandsmitglied Daniel Goeudevert den „wilden Wettbewerb" durch mehr staatliche „Organisation" auf dem Binnenmarkt ersetzt sehen möchte.

Aber auch die Bundesrepublik hat mit dem Vertrag von Maastricht die Aufgabe einer Industriepolitik übernommen. Sie hat sogar Verfassungsrang, da das im EWG-Vertrag verankerte primäre Gemeinschaftsrecht vorrangiges Verfassungsrecht ist. Ob die Aufgabe in der Bundesrepublik im Einklang mit einer marktwirtschaftlichen Ordnung wahrgenommen wird, ist keineswegs sicher.

Sorge müssen hier nicht nur Fehlentwicklungen in der Vergangenheit (zum Beispiel in der Forschungspolitik) bereiten, sondern auch industriepolitische Nötigungen, die im Zuge der deutschen Einigung immer wieder versucht werden. Der Druck zu industriepolitischen Dirigismen könnte sogar weiterwachsen, wenn andere Mitgliedstaaten eine entsprechende Vorreiterrolle übernähmen. All dies eröffnet eine keineswegs unrealistische und deshalb ordnungspolitisch höchst beunruhigende Perspektive.

Beunruhigend ist darüber hinaus grundsätzlich die Art und Weise, wie die Integration mit dem inhaltlich unbestimmten Ziel einer politischen Union vorangetrieben wird. An der Industriepolitik wird das lediglich besonders deutlich. Der Verfassungsrang, den diese Aufgabe auch für die Bundesrepublik als Mitgliedstaat durch die Änderung des EWG-Vertrages erhielt, ist das Ergebnis eines Verfahrens, welches in auffälligem Gegensatz zu den hürdenreichen Prozeduren steht, die sonst für Verfassungsänderungen – auch in anderen Mitgliedstaaten – eingehalten werden müssen.

Im Falle der Bundesrepublik sei nur daran erinnert, wie schwer sich Bundestag und Bundesrat mit Verfassungsänderungen sonst tun. In Großbritannien ließ das Parlament bei den Verträgen von Maastricht seinen Verhandlungsführern in der Ablehnung der Sozialunion vorab keinerlei Spielraum. Eine nationale Sonderklausel im Vertrag war die Folge. Die Unverträglichkeiten dieser Klausel mit dem Binnenmarktprogramm sind lediglich ein Beleg dafür, mit welch heißer Nadel in Maastricht genäht wurde. Die Verfassungsrelevanz ist manchen Beteiligten auf der Suche nach diplomatischen Kompromissen wohl nicht immer bewusst gewesen. Der französische Staatspräsident schien dies unabhängig von sonstigen Motiven zu erkennen, als er nach Maastricht die Frage aufwarf, ob die Annahme der Verträge nicht eines Referendums bedürfe.

Wäre ein amerikanischer Präsident an den Vertragsverhandlungen beteiligt gewesen, so hätte er kaum umhingekonnt, den Vertrag im Kongress Satz für Satz zur Abstimmung zu stellen. Dies sei nur erwähnt, um noch einmal deutlich zu machen, auf welch schmaler, wenn auch legaler Grundlage in Maastricht gehandelt wurde. Mit der nachfolgenden, nur pauschal möglichen Ratifikation durch die Verfassungsorgane der Mitgliedstaaten wird sie kaum breiter.

Zu einer Gefährdung des gesamten Integrationsprozesses könnte es dann kommen, wenn die abgegebenen Zahlungsversprechen und noch mehr die Souveränitätsverzichte, die mit diesem Verfahren geleistet werden, den Bürgern nicht länger mit mystifizierenden Erklärungen zu Europa vernebelt werden können.

6. Formelkompromisse à la Maastricht verhindern eine gedeihliche Entwicklung Europas – Die verdrängte Osterweiterung der EU

von Manfred E. Streit (Handelsblatt vom 09.11.1995)

Die Notwendigkeiten, die sich für die Europäische Union aus einer Erweiterung nach Osten, aber auch nach Süden ergeben, werden zurzeit verdrängt. Der politische Blick bleibt nach innen gerichtet. Die Aufgabe, welche man vor sich herschiebt, ist keine geringe. Sie besteht in der Einbeziehung von zwölf und mehr Staaten und erfordert eine Neuordnung Europas im Interesse der Prosperität, der Stabilität und der Sicherheit auf dem Kontinent.

Für diese Aufgabe kann die Union nach Maastricht kaum als Modell dienen. Ihre Organisationsstrukturen lassen sich nicht einfach fortschreiben. Absurde Ergebnisse hinsichtlich der Größe des Parlaments und der Kommission sowie der Zahl der offiziellen Sprachen wären die Folge. Lähmend wirken die gemeinsamen Politiken. Die Agrarpolitik ist schon für die Union der Fünfzehn finanziell untragbar geworden. Eine durch Maastricht ermöglichte, interventionistische Industriepolitik würde weitere finanzielle Begehrlichkeiten wecken und den Aufholprozess der Beitrittsländer behindern.

Aufholchancen würden erst recht durch eine Arbeitsmarkt- und Sozialpolitik vernichtet, die den Beitrittsländern durch Harmonisierung auf hohem Niveau Standortvorteile entzöge, um Besitzstände zu konservieren. Ebenso problematisch ist die Kohäsionspolitik. Würde sie auf die Beitrittsländer ausgedehnt, wären die Nettozahler hoffnungslos überfordert. Da alle genannten Politiken gegen den weltweiten Wettbewerb durch Protektion abgesichert werden müssten, wäre eine entwicklungshemmende Verstärkung der Festung Europa unabdingbar.

Noch gehört die Währungsunion nicht zum acquis communautaire. Umso wichtiger ist es, vor diesem Schritt eindringlich zu warnen, und dies erst recht, wenn es um die Einbeziehung der Transformationsländer geht. Von den bereits gegen eine Währungsunion der Union der Fünfzehn vorzubringenden Bedenken wiegt eines mit Blick auf die Transformationsländer besonders schwer: Mit ihrem Beitritt zur Währungsunion würden für sie reale Wechselkursänderungen ausgeschlossen, mit denen Anpassungen im Inneren abgefedert werden könnten.

Die gesamte Anpassungslast wäre mit Lohn- und Preisflexibilität sowie mit Faktorwanderungen zu bewältigen. Der verteilungs- und sozialpolitische Sprengstoff, der in derartigen Anpassungserfordernissen liegt, ist offenkundig. Er liesse sich nur durch ordnungs- und allokationspolitisch höchst unbefriedigende Struktur- und Regionalhilfen etwas abbauen. Zugleich verschärfte sich aber dann für die Union das Budgetproblem.

Ein anderes Gefahrenpotential wird bereits jetzt unterschätzt: die Aufspaltung einer Währungsunion in Insider und Outsider. Die Ausgrenzungen, die zur Zeit mit Hilfe der Konvergenzkriterien vorgenommen werden, verursachen neben kostspieligen Wechselkursausschlägen und Verunsicherungen auf den Kapitalmärkten auch politische

Spannungen. Sie geben einen Vorgeschmack auf das, was zu erwarten ist, wenn die Einsicht in das integrationspolitisch Zweckmäßige weiterhin durch Visionen verdrängt wird.

Doch auch mit einer Lockerung der Aufnahmebedingungen einer Währungsunion wäre niemandem gedient. Hinzu kommt, dass die fiskalpolitischen Stabilitätsbedingungen für die Zeit nach Beginn einer Währungsunion nicht gesichert sind. Wenn es überhaupt noch eines Argumentes bedurft hätte, von einer Währungsunion Abstand zu nehmen, dann ist es die Einbeziehung der Transformationsländer in den europäischen Integrationsprozess.

Was ist zu tun? Knapp formuliert: Weniger an Integration von oben wäre zugleich mehr. Ein gesamteuropäischer Wirtschaftsraum wäre mit einem Sicherheitssystem zu kombinieren. Der Wirtschaftsraum könnte sich institutionell an dem orientieren, was mit dem Vertrag von Rom und der Rechtsprechung durch den Europäischen Gerichtshof erreichbar ist, wenngleich ohne die unselige gemeinsame Agrarpolitik. Selbst dann bliebe in der bisherigen Union noch sehr viel zu tun.

Dem kann nicht entgegengehalten werden, das sei ein Schritt zurück. Im Gegenteil, es ist ein Schritt in ein Europa, dessen bewundernswerte kulturelle Vielfalt sich im Vergleich zur Union der Fünfzehn wesentlich vergrößerte. Das gilt ebenso für die faszinierenden Unterschiede in den politischen und rechtlichen Traditionen, an die auch in einer Reihe von Transformationsländern durchaus angeknüpft werden kann. Die sich ausfächernden Entwicklungsunterschiede sind eine Herausforderung und Chance für alle Beteiligten.

Für diesen integrationspolitischen Quantensprung kann der Vertrag von Maastricht wegen seiner völlig anderen Prägung keine Blaupause abgeben. Vielmehr ist eine nüchterne Revision geboten. Dafür sind weder emotionale Durchhalteappelle geeignet noch Schreckensvisionen von einem Europa, das in Handelskriege, Abwertungswettläufe und Protektionismus zurückfällt. Wer zu solchen Diskussionsmitteln greift, suggeriert, dass ein Verzicht auf einzelne Vertragselemente – insbesondere die Währungsunion- eine Auflösung des gesamten Vertragswerkes bewirken würde. Und er unterschlägt, dass die Union und ihre Mitgliedstaaten Verantwortung im Rahmen der internationalen Wirtschafts- und Währungsordnung übernommen haben, der sie sich nicht schadlos entziehen können.

Die Union kann bei der Neuordnung Europas nicht abseits stehen, um das Erreichte zu bewahren. Sie muss sich auf Ordnungsregeln einigen, die es allen erlauben, die lebendige Vielfalt des alten Kontinents wohlstandserhöhend zu nutzen. Solche Regeln sind im Vertrag von Rom klarer formuliert als im Vertrag von Maastricht. Eine Abkehr von dessen Formelkompromissen und von der Ausweitung des Interventionsmandats für die Union bedeutet keineswegs die Reduktion auf eine bloße Freihandelszone mit einigen institutionellen Randverzierungen.

Mit einer solchen Argumentation wird nicht nur das vor Maastricht Erreichte geleugnet. Auch die Notwendigkeit von allgemeinen Regeln, um Vielfalt zu ermöglichen, wird verkannt. Letztlich führt dies zu einer Unterdrückung des Systemwettbewerbs zwischen Staaten und dessen kontrollierende Wirkung auf politisches Handeln.

7. Bei der Haushaltskonsolidierung muss das deutsche Konsensmodell scheitern – Paris und Bonn werden die Maastricht-Kriterien wohl kaum strikt erfüllen. Die Europäische Währungsunion steht vor der Verschiebung.

von Manfred E. Streit (Handelsblatt vom 04.09.1996)

Bei den jüngsten deutsch-französischen Konsultationen hat Bundeskanzler Kohl die Absicht bekräftigt, am Zeitplan und an den Konvergenzkriterien für die Europäische Wirtschafts- und Währungsunion (EWWU) „ohne Wenn und Aber" festzuhalten. In den gemeinsamen Erklärungen wurden Visionen für das nächste Jahrtausend bemüht. Die Haushaltsnöte, in denen sich die deutsche und die französische Regierung befinden, konnten durch die wirtschaftspolitischen Wunschbilder aber nur mühsam überdeckt werden.

Dem Kanzler ist wohl bewusst, dass er gegenüber der deutschen Öffentlichkeit mit einer strikten Einhaltung der Konvergenzkriterien im Wort steht. Dies kommt dem Verzicht gleich, hinsichtlich der Kriterien Interpretationsspielräume zu nutzen, die der Vertrag von Maastricht durchaus gewährt. Den französischen Partnern dürfte diese Festlegung des Kanzlers nicht unbekannt sein. Die gemeinsame Bestandsaufnahme müsste eigentlich ergeben haben, dass nur die Vertagung der EWWU bleibt. Denn es ist abzusehen, dass Frankreich, aber auch Deutschland die fiskalischen Konvergenzkriterien bei strikter Auslegung nicht erfüllen werden. Die EWWU setzt eine Haushaltsdisziplin voraus, die selbst dem traditionell stabilitätsorientierten Deutschland größte Schwierigkeiten bereitet. Es ist eine höchst undankbare Aufgabe, wohlfahrtsstaatliche Privilegien für mächtige Gruppen mit dem Argument der Haushaltskonsolidierung im Interesse der EWWU abzuschaffen.

In Frankreich haben bisherige und angekündigte Streiks einer Konsolidierung des Budgets politische Grenzen aufgezeigt. In Deutschland zeigt die Diskussion um das Sparpaket, wie klein der politische Spielraum für notwendige Einsparungen ist. Die Interessengruppen haben sich inzwischen tief eingegraben und schrecken selbst vor groben Entstellungen nicht zurück, um bescheidene Einsparungen und Deregulierungen zu verhindern.

Die Opposition sucht politische Vorteile aus der Unzufriedenheit von Reformbetroffenen zu ziehen. Bemühungen der Bundesregierung, aus dieser Politikfalle durch eine konzertierte Aktion („Bündnis für Arbeit") herauszukommen, sind misslungen. Das deutsche Konsensmodell musste scheitern, weil sich die Unterhändler nicht – wie sonst üblich – zu Lasten unbeteiligter Dritter einigen konnten. Eine höhere Besteuerung war mit dem Befund zum Standort Deutschland unvereinbar. Der Ausweg in eine höhere Verschuldung verbot sich, um Glaubwürdigkeit in Sachen EWWU zu wahren. Eine Lösung des Konsolidierungsproblems ist noch nicht in Sicht, wohl aber das Verfehlen der fiskalischen Konvergenzkriterien.

Die Befürworter der Währungsunion mögen das bedauern. Sie müssen sich aber fragen: Liegt der EWWU und dem Stufenplan eine nüchterne Analyse der Ausgangslage sowie der politischen Möglichkeiten der Mitgliedstaaten zugrunde? Die Antwort lautet nein.

Die meisten EU-Mitgliedstaaten – auch Frankreich und Deutschland – stehen vor einem unumgänglichen, politisch extrem schwierigen und langwierigen Umbau der sozialen Sicherungssysteme sowie vor einem Abbau kostspieliger, standortschädigender Gruppenprivilegien in Form von Subventionen und Steuergeschenken. Anders sind öffentliche Haushalte und Schattenhaushalte auf der Ausgaben- und Einnahmenseite nicht dauerhaft konsolidierbar.

Die Konsolidierung ist zugleich beschäftigungswirksam. Gelingt sie nicht, verringert sich auch nicht der Druck, der von der Beschäftigungsschwäche auf die öffentlichen Finanzen ausgeht. Werden bei all dem die Konvergenzkriterien nicht eingehalten, ist das nur als Signal für die sehr kritische Lage anzusehen. Es wäre verfehlt, das dem Signal zugrunde liegende Problem durch Aufweichen der Konvergenzkriterien ungelöst in die EWWU mitzuschleppen.

Deutschland steht dazu vor einem Sonderproblem. Für die Kosten der deutschen Vereinigung war in den ohnehin konsolidierungsbedürftigen Haushalten von Bund und Ländern kein Platz geschaffen worden. Auch sind die Kosten höher als erwartet. Dazu haben viele Gruppen, allen voran Gewerkschaften und Arbeitgeber, beigetragen. Die Kostenexplosion der Vereinigung und des aus den Fugen geratenen Wohlfahrtsstaates muss zunächst unter Kontrolle gebracht werden, wenn Deutschland nicht zur Quelle von Instabilität in der EWWU werden soll.

Wie schnell dies geschehen kann, zeigen die Querelen um die Subventionskontrolle durch die EU-Kommission. Bewusst beschränkt der EG-Vertrag den Handlungsspielraum der Regierungen. Dennoch nimmt Sachsens Ministerpräsident Kurt Biedenkopf einen offensichtlich populären Bruch des Vertrages in Kauf, um mit den Schwierigkeiten zurechtzukommen, die nicht zuletzt auf wirtschafts- und arbeitsmarktpolitische Fehler im Vereinigungsprozess zurückzuführen sind. Der vormalige Bundeswirtschafts- und Finanzminister Karl Schiller (SPD) kam in seinem politischen Testament zu einer nachdenkenswerten Schlussfolgerung mit Blick auf das Urteil des Bundesverfassungsgerichtes zum Maastricht-Vertrag: „Man sollte uns Deutschen die Möglichkeit geben, erst einmal unser eigenes Haus in Ordnung zu bringen. Das oberste deutsche Gericht hat uns in der Frage des Zeitpunktes einer Währungsunion genügend Flexibilität verschafft. Auch im Interesse des ganzen Europa sollten wir also den Plan einer Währungsunion um eine Reihe von Jahren verschieben."

8. Ohne agrarpolitische Flurbereinigung ist die EU-Erweiterung nicht zu schaffen. Alte Ursachen der BSE-Krise

von Manfred E. Streit (Handelsblatt vom 23.02.2001)

Die EU leidet bis heute unter einem ordnungspolitischen Geburtsfehler der europäischen Integration – dem schon im EWG-Vertrag von 1957 festgeschriebenen Agrardirigismus.

Europa leidet, ohne dass die verantwortlichen Politiker über die wirklichen Ursachen der BSE-Krise zu klagen wagen. Die Anlässe zur Klage reichen Jahrzehnte zurück. Milch- und Weinseen, Zucker- und Getreideberge sind schon lange ärgerliche und kostspielige Symptome eines ordnungspolitischen Geburtsfehlers der europäischen Integration.

Der Fehler heißt Gemeinsame Agrarpolitik. Er geht zurück auf einen faulen Kompromiss, geschlossen zwischen den beiden wichtigsten Gründerstaaten der Europäischen Wirtschaftsgemeinschaft (EWG), Deutschland und Frankreich: Ein EWG-weiter Gemeinsamer Markt gegen französischen Agrardirigismus – das war der Inhalt des politischen Tauschgeschäfts, das sich im EWG-Vertrag von 1957 manifestierte.

Damals wurde die marktwidrige Grundlage für eine systematische Überproduktion bei Agrarerzeugnissen gelegt: Einkommenspolitik zu Gunsten der Landwirte durch Gewährung von (überhöhten) Garantiepreisen für deren Erzeugnisse unter dem Druck einer mächtigen Agrarlobby.

Heute überlagert und verschleiert die BSE-Krise das Überschussproblem bei Rindfleisch. Sie äußert sich in dem, die Tierschützer alarmierenden Skandal, dass in Deutschland hunderttausende von Rindern – EU-weit ist von 1,7 Millionen die Rede – vernichtet und vom Markt für Rindfleisch genommen werden müssen. Damit sollen die Rindfleischpreise gestützt werden, die durch Kaufzurückhaltung verängstigter, auf ihre Gesundheit bedachter Verbraucher ins Rutschen geraten sind.

Der preisdrückende Angebotsüberhang bei Rindfleisch ist Folge von Jahre zurückliegenden Entscheidungen zur Aufzucht von Rindern im Vertrauen auf die herrschenden Garantiepreise, deren Anreizwirkung durch eine Mutterkuhprämie noch verstärkt wurde. Eine schnelle Angebotsreaktion ist wegen der langen Produktionszeiten nicht zu erwarten. Was bleibt, ist die skandalöse Vernichtung von Rindern – ein Vorgehen, das bei überschüssigen Nahrungsmitteln in der EU schon seit Jahrzehnten üblich ist.

Nun suchen die verantwortlichen Politiker hier und da Millionen zusammen, um damit die Bauern für die entstandenen Verluste zu entschädigen. Statt ihnen nun auch ihre Futtermittel zu subventionieren, wäre es nur konsequent, wenn Ansprüche auf den Garantiefonds der EU erhoben würden. Dieser wurde eigens geschaffen, um die marktwidrige Agrarpolitik finanziell abzusichern.

Nur zögernd wendet sich indes die EU-Kommission dem BSE-Problem zu. Dabei erwähnt sie genauso wenig wie die Politiker in den EU-Mitgliedsstaaten die eigentliche Ursache, die Gemeinsame Agrarpolitik. Vielmehr will Brüssel die Mittel für die

Gemeinsame Agrarpolitik weiter erhöhen. Nur zögerlich nimmt auch die Bundesregierung eine Reform der deutschen Agrarpolitik in Angriff. Übrigens bleibt dabei unerwähnt, dass ein deutscher Sonderweg einen Konflikt mit der EU-Kommission als Hüterin der europäischen Verträge heraufbeschwören würde. Wie ein solcher Konflikt gelöst werden könnte, ist völlig ungeklärt.

Deshalb muss die agrarpolitische Flurbereinigung auf EU-Ebene erfolgen. Wie dringlich diese ist, zeigt die unglaubliche Vielzahl von Einzelsubventionen, die nahezu alle Anreize zur Mehrproduktion enthalten. Sie reicht von einer Sonderprämie für männliche Rinder, differenziert nach Bullen und Ochsen, über die genannte Mutterkuhprämie bis hin zu einer Saisonentzerrungsprämie. Sieht man sich außerdem die Bedingungen an, nach denen die Prämien gezahlt werden, kann man nur erschrecken.

Das Subventionsunwesen erklärt auch die Attraktivität des Gemeinsamen Agrarmarktes für die Landwirte, die in den Ländern Mittel- und Osteuropas produzieren, welche der EU in absehbarer Zeit beitreten wollen. Die Sprengkraft, die von einer Erweiterung für den EU-Haushalt ausgeht, dürfte von den bisherigen Mitgliedsstaaten erkannt worden sein. Ihr ließe sich nur durch eine Reform vorab begegnen. Doch dazu fehlt es in der bisherigen EU an Reformwillen. Was unter diesen Umständen bleibt, ist die Hoffnung, dass der Blick in durch die Osterweiterung geleerte Kassen helfen wird, den Widerstand der Agrarlobby im Namen agrarpolitischer Vernunft zu brechen.

9. Die deutsche Währungsunion – eine Schocktherapie. Ein dramatisches Kapitel aus der Geschichte der D-Mark

von Manfred E. Streit (F.A.Z. vom 20.06.1998)

Die Währungsunion vom 1. Juli 1990 ist markanter Bestandteil eines in der deutschen Geschichte einmaligen Vorgangs: Den Deutschen in Ostdeutschland war die Befreiung von einem totalitären Regime durch eine friedliche Revolution gelungen. Mit der Einbeziehung Ostdeutschlands in den Geltungsbereich der D-Mark begann eine Schocktherapie für ein sozialistisches Wirtschaftssystem, das selbst nach Einschätzung der Planungskommission der DDR kurz vor dem Zusammenbruch stand. Mit der „Währungs-, Wirtschafts- und Sozialunion" (WWSU) wurden über die Geldverfassung hinaus auch die übrigen Elemente der westdeutschen Wirtschaftsverfassung auf Ostdeutschland übertragen. Das bedeutete einen radikalen institutionellen Bruch mit der sozialistischen Vergangenheit, der ohne Parallele ist.

Sowohl vor als auch nach der Währungsunion wurde nach historischen Parallelen gesucht mit dem Ziel, die so gewonnenen Erfahrungen zu nutzen. Dabei wurden schnell Grenzen eines solchen Vorgehens erkennbar. Für einen Vergleich sind nicht nur die monetären und realwirtschaftlichen Ausgangsbedingungen relevant. Die Institutionen prägen die monetäre und realwirtschaftliche Entwicklung wesentlich mit. Infolgedessen sind auch die institutionellen Ausgangsbedingungen in den Vergleich einzubeziehen.

1948 war die monetäre Situation durch einen erheblichen Geldüberhang, eine hohe Verschuldung der Banken sowie eine Zurückweisung der Reichsmark durch die Bevölkerung gekennzeichnet. Geldüberhang und Bankenverschuldung waren Folgen der „geräuschlosen" Rüstungsfinanzierung durch die nationalsozialistische Regierung. Die inflatorischen Folgen des wachsenden Geldüberhangs wurden durch Preiskontrollen und Rationierungen zurückgestaut.

Nach dem Kriegsende wurde das von der deutschen Regierung verwendete System von Preiskontrollen und Rationierungen weitgehend beibehalten. Auch die Reichsmark blieb gesetzliches Zahlungsmittel. Das bedeutete, dass zum Zeitpunkt der Währungsreform zwölf Jahre zurückgestauter Inflation zu bewältigen waren. Der Geldüberhang in Form von Bargeld und Bankguthaben wurde auf 90 Prozent der Geldbestände geschätzt. Hinzukam eine Überschuldung des Bankensystems, weil den Einlagen wertlose Forderungen an das Reich gegenüberstanden. Mit der Währungsreform wurden Geldüberhang und Überschuldung beseitigt: Die schließlich zum Umtausch angemeldete Geldmenge (im Sinne von M3) wurde bis auf eine Kopfquote von 60 Mark am Ende aller Umstellungen auf ein Fünfzehntel ihres Nominalwertes reduziert. Die wertlosen Forderungen der Banken gegen das Reich wurden gestrichen. Zum Ausgleich für verbliebene Verbindlichkeiten erhielten die Banken Forderungen gegen die Länder und später gegen den Bund.

Die Lage in der DDR wurde völlig falsch eingeschätzt. In der Zeit zwischen Kriegsende und Währungsreform gewannen Schwarzmarktaktivitäten ständig an Bedeutung.

Steigende Angst vor einer offenen Inflation oder einer Währungsreform ließ das Vertrauen in die Reichsmark schwinden. Immer weniger Güter gelangten in den legalen Wirtschaftskreislauf.

Die monetäre Ausgangslage von 1990 weist auf den ersten Blick durchaus einige Parallelen zur Situation von 1948 auf. Ähnlich wie während der nationalsozialistischen Wirtschaftslenkung bildete sich im verwaltungswirtschaftlichen System der DDR ein Geldüberhang. Auch hier war die Ursache eine kontinuierliche Finanzierung staatlicher Geldschöpfung. Sie geschah ebenfalls „geräuschlos", wenn auch auf andere Weise. Es galt, die Überlegenheit des sozialistischen gegenüber dem zu Haushaltsdefiziten neigenden kapitalistischen System zu demonstrieren. Ein offener Ausweis des Haushaltsdefizits wurde dadurch vermieden, dass die Unternehmen in zunehmendem Umfang finanzielle Mittel an die Staatsbank abzuliefern hatten. Ihr daraus entstehender Finanzierungsbedarf wurde durch Kredite der Staatsbank beziehungsweise der ihr nachgeordneten Banken gedeckt. Mit der Kreditvergabe als Steuerungsinstrument wurden die Betriebe keinen harten Beschränkungen unterworfen. Vorrang hatten die Ziele materieller Planung. Es galt der Grundsatz „Am Geld scheitert nie etwas". Hinweise auf einen wachsenden Geldüberhang lieferte die Staatsbank der DDR selbst. Nach ihren Berechnungen stieg das Geld- und Kreditvolumen seit 1975 wesentlich schneller als das produzierte Nationaleinkommen. Anders als im Jahre 1948 führte die „geräuschlose" Defizitfinanzierung im Falle der DDR nicht zu einer Überschuldung der Banken mangels werthaltiger Forderungen. Als staatliche Vollzugsorgane hatten sie im sozialistischen System ohnehin eine andere Funktion.

Auch in der DDR konnte sich der Geldüberhang aufgrund staatlicher Preisfixierung nicht in einer offenen Inflation niederschlagen. Allerdings wurde die Inflation nicht so rigoros rückgestaut, wie dies durch das national-sozialistische Regime geschah. Lediglich die Preise für Konsumgüter des Grundbedarfs wurden stabil gehalten, während die Preise für Waren des gehobenen Bedarfs kräftig angehoben wurden. Das geht auch aus einer Studie des Finanzministeriums und der Staatsbank der DDR hervor. Dennoch existierte weiter ein Geldüberhang. Nach Berechnungen des Finanzministeriums und der Staatsbank der DDR betrug dieser etwa 15 Prozent der Geldbestände. Auch wenn die Aussagefähigkeit amtlicher DDR-Statistiken stark bezweifelt werden muss, dürfte der Geldüberhang 1990 bei weitem nicht das Ausmaß von 1948 erreicht haben. Es kam auch in der DDR nicht zu einer Zurückweisung der Mark, wie dies bei der Reichsmark der Fall gewesen war. Allerdings war die D-Mark schon lange vor der Währungsunion eine Art Zweitwährung geworden, die Zugang zu Waren verschaffte, welche sonst nicht zu haben waren. Ihr Umlauf wurde geduldet. Durch ihre Zulassung als Zahlungsmittel in Intershop-Läden erschloss sich der Staat sogar eine Deviseneinnahmequelle. Nach dem Fall der Mauer nahm das Vertrauen in die Mark der DDR allerdings rapide ab. Dazu trug auch eine in Ostdeutschland verbreitete Übervereinfachung bei. Die D-Mark wurde zunehmend als Instrument angesehen, um die wirtschaftlichen Probleme der DDR zu lösen. Das Ausmaß der zu bewältigenden Transformationsaufgabe geriet dabei in den Hintergrund. Politische Äußerungen während der Wahlkämpfe im Jahre 1990 begünstigten diese Fehleinschätzung sogar . . .

Zweifellos war es nicht leicht, die realwirtschaftliche Lage der DDR Ende 1989 und selbst bis zur Währungsunion verlässlich einzuschätzen. Es gab zwar Vermutungen über den schlechten Zustand der ostdeutschen Infrastruktur sowie der Produktionsanlagen; das wahre Ausmaß an Substanzverzehr wurde jedoch erheblich unterschätzt. Im Oktober 1989 hatte eine Arbeitsgruppe unter Leitung des Vorsitzenden der staatlichen Plankommission, Gerhard Schürer, in einer damals geheimen Studie für den Ministerrat der DDR ermittelt, dass 1988 der Verschleißgrad des Kapitalstocks in den verschiedenen Sektoren zwischen 52 und 67 Prozent lag. Unterstellt man dieser Studie Realitätsnähe, ist bei einer ökonomischen Würdigung darüber hinaus zu bedenken: Unterlassene Reinvestitionen bedeuten in der Regel auch Produktivitätsrückstand durch Überalterung, und Produktion für Planziele bedeutet im Zweifel eine Spezifität des Kapitalstocks, die Markterfordernissen im Rahmen einer internationalen Arbeitsteilung allenfalls zufällig entspricht. Wenn dennoch bei der Schätzung des Produktionspotentials der DDR unter veränderten Bedingungen mit einem aus heutiger Sicht unrealistisch hohen Kapitalstock gerechnet wurde, so kann das nicht allein damit begründet werden, dass die Daten der DDR manipuliert waren. Die Fehleinschätzung durch Entscheidungsträger, Experten und Öffentlichkeit in Westdeutschland beruhte auch auf einer verzerrten Wahrnehmung des „real existierenden Sozialismus". Symptomatisch für eine verzerrte Wahrnehmung der Realitäten sind die vom Deutschen Institut für Wirtschaftsforschung (DIW) erstellten statistischen Materialien, die wesentliche Informationsgrundlagen der Bundesregierung bei den Verhandlungen mit Vertretern der DDR über den Einigungsvertrag waren. Weder wurden Zweifel an der Korrektheit der offiziellen Angaben der DDR zugelassen, noch wurde die Unvergleichbarkeit planwirtschaftlicher und marktwirtschaftlicher Wertrechnung berücksichtigt ...

Demgegenüber war die Situation 1948 überschaubarer, und niemand konnte über Kriegszerstörung und Demontagen hinwegsehen. Allerdings war der verbliebene industrielle Kapitalstock 1945 und selbst nach den Demontagen immer noch größer als vor Kriegsbeginn. Insofern kann auch davon ausgegangen werden, dass die anhaltende Investitionstätigkeit bis 1945 eine relativ günstige Altersstruktur des industriellen Kapitalstocks bewirkt hatte, die durch die Demontagen bis 1948 nur begrenzt beeinträchtigt wurde. Vor allem aber war der Kapitalstock in seiner Spezifität lediglich durch zwölf Jahre unterschiedlich intensiver staatlicher Wirtschaftslenkung mit Autarkiebestrebungen sowie 15 Jahre Preiskontrollen beeinflusst. Dem standen im Falle der DDR im Jahre 1989 zusammengenommen 56 Jahre staatlicher Lenkung, eine seit 1948 weitgehende Abkapselung vom Weltmarkt und die Folgen unterlassener Reinvestitionen gegenüber.

Die realwirtschaftliche Ausgangslage 1990 unterschied sich also wesentlich von der des Jahres 1948. Nach der Währungsreform von 1948 konnte der verbliebene, qualitativ hochwertige Kapitalstock mit Engpassinvestitionen zur Behebung von Kriegsschäden und Demontagen relativ schnell für eine Produktionsausweitung genutzt werden. Demgegenüber war 1990 das durch extensive Nutzung von Kapitalstock und natürlichen Ressourcen vergleichsweise hohe Produktionsniveau in der DDR nicht aufrechtzuerhalten. Für eine Produktion unter Weltmarktbedingungen war der Kapitalstock weitgehend ungeeignet, und die im Rahmen des Rats für gegenseitige Wirtschaftshilfe (RGW) staatlich garantierte Nachfrage aus den übrigen RGW-Staaten blieb mit deren Transformation aus.

Institutionell liegt es zunächst nahe, eine Parallele zwischen der Währungsunion 1990 und der Währungsreform 1948 zu ziehen, denn in beiden Fällen ging es zugleich um eine Systemtransformation. Allerdings ergeben sich bei näherer Betrachtung weitreichende Unterschiede. Die Wirtschaftsordnung des Deutschen Reiches wurde in der Zeit von 1933 bis 1945 trotz Einführung staatlicher Lenkung nicht grundlegend verändert. Das Lenkungssystem wurde den marktwirtschaftlich orientierten Institutionen der Weimarer Republik praktisch übergestülpt. Die Lenkung bedingte zwar eine selektive Einschränkung der Handlungsfreiheit der privaten Akteure durch staatliche Anweisungen. De jure blieben sie aber autonome Eigentümer im Rahmen des bisherigen Privatrechts. Das galt auch für viele Unternehmen. Ihren Eigentümern verblieb im Rahmen der durch das Lenkungssystem gezogenen Grenzen die Möglichkeit zu eigenverantwortlichem Handeln.

Nach Kriegsende behielten die Alliierten das Lenkungssystem zunächst bei. Erst mit der Währungsreform wurde der Systemwechsel vollzogen. Dabei kam es aufgrund der institutionellen Ausgangslage in erster Linie darauf an, den planwirtschaftlichen Überbau zu beseitigen. Dies galt auch für das Geld- und Kreditsystem. Hinzu kamen allerdings institutionelle Neuerungen. Hervorzuheben ist einmal, dass mit Paragraph 28 des sogenannten Umstellungsgesetzes eine staatliche Defizitfinanzierung verboten wurde, wobei das Verbot mit einem Eingriffsvorbehalt der Alliierten versehen war. Ferner wurde die Unabhängigkeit der Bank deutscher Länder von politischen Weisungen gesetzlich verankert. Beides waren Vorkehrungen, mit denen aus dem inflationsträchtigen politischen Missbrauch des Bankensystems institutionelle Konsequenzen gezogen wurden. Damit sollte auch das Vertrauen in die neue Währung „Deutsche Mark" gestärkt werden. Die Alliierten schufen mit der Notenbankverfassung ein Präjudiz, das später zu einem ordnungsökonomischen Markenzeichen der Bundesrepublik werden sollte.

Verglichen mit der institutionell verbesserten Restitution in den Westzonen wurde das Bankensystem in der Ostzone nach Gründung der DDR völlig umgestaltet. Mit der Kreditreform von 1949 wurden die Geschäftsbanken der Kontrolle der neugegründeten Deutschen Notenbank (1968 wurde sie zur Staatsbank der DDR) unterstellt und mit der Durchsetzung staatlicher Planungsaufgaben betraut. Infolgedessen musste 1990 das Geld- und Kreditsystem der DDR als Teilordnung in jedem Fall völlig ausgewechselt werden, wenn es sich in eine marktwirtschaftlich orientierte Gesamtordnung einfügen sollte. Das geschah mit der Währungsunion durch Übernahme des westdeutschen Systems.

Während somit 1948 im Falle der späteren Bundesrepublik lediglich ein Rückzug des Staates aus der Wirtschaft erfolgen musste, war 1990 in der DDR ein institutioneller Umbruch unvermeidlich. Er wurde dadurch erschwert, dass sich in der DDR nahezu die gesamte Wirtschaft in Staatseigentum befand. Demgegenüber blieben – wie erwähnt – die Eigentumsverhältnisse durch das nationalsozialistische Regime in den meisten Fällen unangetastet. Mit dieser Feststellung sollten die Enteignungen nicht verharmlost werden, welche mit der Diskriminierung und Verfolgung von Bevölkerungsgruppen durch das Naziregime verbunden waren. Mit der Aufhebung der Regulierungen gewannen die Eigentumsrechte ihre ursprüngliche Funktion zurück und gewährten die für marktwirtschaftliches Verhalten notwendigen Anreize. Das vergleichsweise geringe Ausmaß an Enteignungen und daran anknüpfenden Restitutionsforderungen sowie die Unsicherheit über Eigentumsrechte hatten nach 1948 keine schwerwiegenden Folgen. Hingegen sollten die Rückübertragung von Eigentum sowie ungeklärte Vermögensfragen nach der Währungsunion von 1990 zu vieldiskutierten Quellen entwicklungshemmender Ungewissheit werden. Die institutionellen Ausgangsbedingungen unterschieden sich also 1990 wesentlich von denen im Jahre 1948. Damals ging es darum, in Westdeutschland eine zeitweilig und auch nur teilweise suspendierte Marktwirtschaft zu reaktivieren. Hingegen war 1990 in Ostdeutschland eine Marktwirtschaft völlig neu zu institutionalisieren. Zweifellos wurde diese Gestaltungsaufgabe durch die Übernahme des westdeutschen Institutionssystems konzeptionell wesentlich vereinfacht. Dennoch verblieb eine Reihe von Transformationsproblemen. So konnte nicht unbedingt davon ausgegangen werden, dass die Verhaltensregeln, die sich zwischen den Akteuren in den vorangegangenen vier Jahrzehnten herausgebildet hatten (interne Institutionen), zu den neuen, staatlich gesetzten Rahmenbedingungen passen würden. Externe Institutionen müssen von korrespondierenden Einstellungen und Werthaltungen unterstützt werden, wenn sie ihre Orientierungsleistung möglichst reibungsarm erbringen sollen. Das legt die Vermutung nahe, dass die neuen institutionellen Bedingungen vielschichtige Anpassungen erforderlich machen, wenn die gewonnene ökonomische Entscheidungsfreiheit gewinnbringend genutzt werden soll. Auch hier ist ein wesentlicher Unterschied zur Währungsreform von 1948 zu vermuten. Er lässt sich darauf zurückführen, dass 1948 noch gute Anknüpfungsmöglichkeiten für die einem marktwirtschaftlichen System adäquaten Regeln einer Privatrechtsgesellschaft und die sie stützenden Werte bestanden. Das kann bei der Transformation von 1990 nicht ohne weiteres unterstellt werden.

Ordnungspolitische Defizite bei der Bankenübernahme

Die Währungsunion war wesentlicher Bestandteil einer beispiellosen Schocktherapie. Mit der Einbeziehung Ostdeutschlands in den Geltungsbereich der D-Mark wurde zugleich das sozialistische Wirtschaftsund Gesellschaftssystem durch Übernahme des westdeutschen institutionellen Rahmens transformiert.

Im Rahmen der monetären Transformation der vormaligen DDR verblieb der Bundesbank letztendlich die Aufgabe, die Währungsumstellung nach den politischeVorgaben vorzunehmen und die Geldwertsicherung auf das Beitrittsgebiet auszudehnen.Sie vollzog die Währungsumstellung organisatorisch und technisch reibungsarm, obgleich die dafür eingeräumten Fristen denkbar kurz waren. Auch die Inflationsrisiken der Währungsumstellung blieben unter Kontrolle. Die Bundesbank konnte also der ihr zugewiesenen Aufgabe der Geldwertsicherung entsprechen. Das stieß – wegen der damit in Verbindung gebrachten Zinsentwicklung – weder im In-noch im Ausland stets auf Zuspruch, ist aber Beleg der tatsächlichen Unabhängigkeit. Bei den politischen Vorgaben zur Währungsumstellung wurde – entgegen der Empfehlung der Bundesbank – der sozialen Akzeptanz und der Schonung des Bundeshaushalts Vorrang gegenüber der Wettbewerbsfähigkeit der DDR-Unternehmen eingeräumt.

Bei der Umstellung der Altkredite wurde der Rat der Bundesbank, im Verhältnis 2:1 umzustellen, zwar befolgt. Jedoch dürfte es schwierig sein, diesen Rat mit der Ausgangsdiagnose zu begründen. So betonte die Bundesbank zum Beispiel, dass die Kreditinstitute in der DDR „Teil eines zentralisierten Zuweisungs-, Plafonierungs- und Verrechnungssystems im Dienste der zentralen Wirtschaftsplanung mit institutsspezifischen Aufgabenstellungen" waren und dass das inländische „Firmengeschäft" im Wesentlichen bei der Staatsbank lag. Nach dieser Diagnose drängten sich Schlussfolgerungen hinsichtlich einer Konsolidierung der Kreditbeziehungen nahezu auf. Am allerwenigsten ist damit die noch vor kurzem vertretene Auffassung vereinbar, ein einzelfallbezogener Schuldenerlass sei dem generellen Erlass vorzuziehen. Der Verweis darauf, dass auch die Vermögenswerte durch Planbehörden willkürlich zugewiesen wurden, kann nicht rechtfertigen, eine daran orientierte diskretionäre Schuldenzuweisung vorzunehmen. Das hieße nicht nur planwirtschaftliche Willkür mit neuer Willkür beantworten, um wettbewerblich „vergleichbare Ausgangspositionen" zu schaffen. Vielmehr ist ein solches „level the playing field" unnötig; denn bei der Veräußerung von Unternehmen schlagen sich marktrelevante Unterschiede im (Netto-) Vermögen zwischen Unternehmen ohnehin in Kaufangeboten nieder.

Jeder Rat, der nicht von einer konsequenten Konsolidierung der Kreditbeziehungen ausging, musste problematisch sein. Er hatte zur Folge, dass Altkredite unversehens als marktwirtschaftliche Vermögenswerte zu beurteilen waren. Deshalb mussten sie bei der Festlegung des Umstellungssatzes auf eine Werthaltigkeit überprüft werden, die es nach ihrem Entstehen gar nicht geben konnte. Dazu gehörte auch, dass eine sachlich unmögliche Verbindung herzustellen war. Monetäre Größen aus einem System, in dem eine Wertrechnung, die den Namen verdient, a priori unmöglich war, mußten in solche eines marktwirtschaftlichen Systems verwandelt werden.

Die politischen Entscheidungsträger hatten die Umstellungsmodalitäten festzulegen und die Neuordnung des ostdeutschen Bankensystems in die Wege zu leiten. Dabei war auch über die planwirtschaftlichen Kreditverflechtungen zu befinden. Die Festlegung der Umstellungskurse beruhte auf politischen Erwägungen. Im Übrigen wurde die Umstellung von der wenig überzeugenden Behandlung der planwirtschaftlichen Kreditverflechtungen geprägt. Es wurde durch unzulässige Gleichsetzungen von plan- und marktwirtschaftlichen Größen der Eindruck erweckt, als stünden den Einlagen der privaten Haushalte unmittelbar Forderungen der Banken an Unternehmen gegenüber. Das beschriebene Refinanzierungskarussell war damit fast vorprogrammiert. Es zog beträchtliche Vermögensschäden für den Bund nach sich. Bei systemadäquater Behandlung der Kreditverflechtungen wäre es bei der zweiten, zuvor diskutierten Variante lediglich darum gegangen, einen Umstellungskurs für das Finanzvermögen der privaten Haushalte der DDR festzulegen. Damit wären die Ausgleichsforderungen eindeutig bestimmt gewesen, die zur Fundierung des Finanzvermögens erforderlich waren. Die Transparenz dieses Vorgangs und damit verbundene politische Diskussionen über die „Kosten der Einheit" während der Wahlkämpfe von

1990 mögen abschreckend gewirkt haben. Allerdings sind die Folgekosten der Altkreditregelung vom Steuerzahler zu tragen.

Auch die Neuordnung des Bankensystems nach der Währungsunion kann nicht überzeugen. Da ist zunächst die unwiderlegte Kritik des Bundesrechnungshofes, wonach vor allem Verkäufe unter Wert zum Schaden des Bundes vorgenommen und Geschäftsbesorgungsverträge zu teuer abgeschlossen wurden. Hinzukommen ordnungspolitische Defizite. Ein Großteil des Bankensystems der DDR wechselte lediglich den staatlichen Eigentümer. Daran ändert auch die Formenvielfalt nichts, die das Engagement von Bund, Ländern, Gemeinden und staatlich kontrollierten Unternehmen im Bankensektor der Bundesrepublik kennzeichnet. Ferner erlangten die Deutsche und die Dresdner Bank durch die Joint-ventures erhebliche Vorteile beim Aufbau des Filialnetzes gegenüber potentiellen Konkurrenten, nicht zuletzt deshalb, weil für die Banken geeignete Immobilien in der fraglichen Zeit extrem knapp waren.

Schon Erhard vermutete erschütternde Verhältnisse

Die damit verbundene, temporäre marktzugangsbeschränkende Wirkung ist ordnungspolitisch bedeutsam, weil sie aus einer Sonderbehandlung der beiden Großbanken durch die Deutsche Kreditbank (DKB) entstand. Schließlich fällt auf, dass sich ausländische Banken praktisch nicht engagierten, und zwar auch nicht in jenen Fällen, in denen die Veräußerung ehemaliger DDR-Banken mehr Zeit erlaubte. Besondere Anstrengungen, neue Wettbewerber zu gewinnen, scheinen nicht unternommen worden zu sein. Inwieweit generelle Marktzugangshemmnisse auf dem verkrusteten deutschen Bankenmarkt wirksam waren, muss offenbleiben.

In der Summe sind kostspielige, von den politischen Entscheidungsträgern zu vertretende Fehlentscheidungen im Verlauf der Währungsunion zu konstatieren. Dem kann entgegengehalten werden, dass viele Entscheidungen bei extrem schlechter Informationslage in sehr kurzer Zeit getroffen werden mussten. Ferner kann geltend gemacht werden, dass die zentrale Handlungsgrundlage – der Staatsvertrag – das Ergebnis eines schwierigen politischen Verhandlungsprozesses war, der nicht frei von Rücksichtnahmen auf Befindlichkeiten der Bevölkerung vor allem in Ostdeutschland bleiben konnte.

Schließlich war der wissenschaftlich begründete Rat – wie dargelegt – nicht frei von Fehlinterpretationen des mit der WWSU zu transformierenden Systems. Ähnliches dürfte für eine Reihe juristischer Schlussfolgerungen gelten, bei denen weder den planwirtschaftlichen Abläufen noch dem Umstand Rechnung getragen wurde, dass die gesamte Wirtschaftsordnung der DDR unterging, welche die Grundlage für die vorgefundenen monetären Bestands- und Stromgrößen gebildet hatte. Insofern dürfte der Befund eines Wegfalls der „großen Geschäftsgrundlage“ gerechtfertigt sein. Andererseits gab es aber auch wissenschaftlich begründete Erkenntnisse und Empfehlungen, die den Eigenschaften des DDR-Systems Rechnung trugen. Und schon vor Zustandekommen der Währungsunion fehlte es nicht an Warnungen – auch seitens der Bundesbank – vor wirtschafts- und lohnpolitischem Fehlverhalten in der Zeit danach.

All dies ändert zweifellos nichts an der Bedeutung der WWSU für die deutsche Wiedervereinigung. Die hier kritisierten politischen Entscheidungen spiegeln jedoch sowohl Fehlinterpretationen der Planwirtschaft der DDR als auch beschönigende Opportunismen wider. Es erscheint reizvoll, sie mit der analytischen und politischen Position zu kontrastieren, die Ludwig Erhard für den Fall einer Währungsunion eingenommen hatte. Nach dem Aufstand von 1953 in Ostdeutschland waren kurzfristig Hoffnungen aufgekeimt, die Sowjetunion würde der Wiedervereinigung nach dem Misserfolg des Ulbrich-Regimes eine Chance geben. Zu der von Erhard für diesen Fall befürworteten Einbeziehung Ostdeutschlands in das westdeutsche Währungssystem schrieb er: „Angesichts der völlig verzerrten Zwangswirtschaft und des Wirtschaftsterrors in der Sowjetzone kann über die echte Kaufkraft der Ostmark völlig unmöglich etwas vorausgesagt werden. Mit diesem Prozess [der Währungsneuordnung; Anm. M. E. S] wird dann naturgemäß die wirtschaftliche Lage der Sowjetzone schonungslos offengelegt, und es kann kein Zweifel bestehen, dass das Resultat betrüblich, ja, vielfach sogar erschütternd sein wird. Das heißt mit anderen Worten, dass wir mit einem starken Leistungsgefälle zwischen Ost und West rechnen müssen, und dass sich daraus schwerwiegende Konsequenzen für die sozialen Verhältnisse der Bevölkerung ergeben müssen. Dennoch müssen wir den Mut zur Klarheit und zur Wahrheit aufbringen, weil erst dann die Mittel der Heilung eingesetzt und wirksam werden können.

10. Demokratischer Sozialismus – eine ordnungspolitische Illusion

von Manfred E. Streit (F.A.Z. vom 26.10.2007)

Ein Slogan irrlichtert durch die ordnungspolitischen Erklärungen politischer Parteien in Deutschland: demokratischer Sozialismus. Wie jede Werbebotschaft ist er suggestiv, lässt Fragen offen und nährt Illusionen. Die Initiatoren der Begriffskombination haben sich noch nicht einmal um ihre inhaltliche Klärung bemüht, so dass unklar bleibt, was politisch überhaupt damit gewollt wird. Genaugenommen dürfte das Begriffselement Demokratie durch anhaltende Propaganda der politischen Klasse (Gaetano Mosca) in eigener Sache eine eher positive Konnotation erhalten haben. Mit dem Begriff Sozialismus soll wohl an ein Vorurteil appelliert werden, nach dem er als vielversprechende Alternative zum unverstandenen marktwirtschaftlichen Geschehen zu sehen wäre. Von der deutschen Sozialdemokratie wird darauf verwiesen, die Begriffskombination stehe, „in der stolzen Tradition der Partei". Damit soll wohl an das Godesberger Programm der Partei von 1959 erinnert werden, dessen ordnungspolitische Konzeption als „freiheitlicher Sozialismus" (G. Weiser) gedeutet wurde. Karl Schiller umschrieb ihn mit dem Motto „Wettbewerb so weit als möglich, Planung so weit wie nötig".

Wird die Umschreibung der Konzeption wörtlich genommen, so steht Sozialismus für gesamtwirtschaftliche Planung. Es ist der Versuch einer Planung des Unplanbaren, nämlich des gesellschaftlichen, arbeitsteiligen Wirtschaftens. Bei unvermeidlichen Planungsmängeln wird nach aller Erfahrung mit derartigen Wirtschaftssystemen die staatliche Planung durch Zwang ersetzt und damit zu Lasten der Freiheit. Die Erfahrungen, die gerade in Deutschland mit dem demokratischen Sozialismus gemacht werden mussten, sind erschreckend. In der vormaligen DDR wurde er zum Slogan einer anhaltenden politischen Propaganda gemacht. Seine konkrete Umsetzung hinterließ ein bedrückendes Erbe an ökonomischer Auszehrung und verbreiteter Armut, das erst nach dem politischen und ökonomischen Zusammenbruch der DDR im Verlauf der deutschen Vereinigung erkennbar wurde und nunmehr milliardenschwer durch den „Aufbau Ost" und den Solidarzuschlag bewältigt werden muss.

Wenn der Betonung von Demokratie in der Begriffskombination nachgegangen wird, sind ebenfalls die Erfahrungen bedeutsam, die in Deutschland mit dieser Staatsform gemacht wurden. Gerade das vergangene Jahrzehnt beleuchtet ihren Mangel schlaglichtartig. Die quälende Diskussion von Reformen des schwächelnden, von Dauerarbeitslosigkeit geprägten marktwirtschaftlichen Systems förderte bei genauerem Hinsehen ordnungspolitische Altlasten zutage, die Reformen als dringlich nahelegten. Ob in der Strukturpolitik oder in der Sozial- und Arbeitsmarktpolitik, stets ging es bei den Reformen um die Rücknahme von marktwidrigen Privilegien, welche von den vorangegangenen Parlamentsmehrheiten den Interessengruppen auf Druck ihrer Verbände eingeräumt wurden. Die Privilegien waren insofern marktwidrig, als sie den damit begünstigten Gruppen durch Gesetz oder Regulierung institutionellen Schutz vor Wettbewerb und finanzielle Kompensation für Wettbewerbsfolgen gewähren sollten. Bei der EU erwirkte Handelshemmnisse sowie regionalpolitisch begründete Erhaltungssubventionen oder Strukturbeihilfen belegen die mit ihnen angestrebte Behinderung des Wettbewerbs in seiner wachstums- und beschäftigungsfördernden Anreiz- und Kontrollfunktion.

Die negativen Wirkungen einer derartigen Klientelpolitik auf Wachstum und Beschäftigung wurden von der sie verursachenden politischen Klasse geflissentlich verschwiegen, als es darum ging, Reformen zu begründen. Wann immer ein Reformvorschlag gemacht wurde – ob durchgehender Subventionsabbau, Verringerung des überzogenen Kündigungsschutzes und Infragestellen der Flächentarifverträge (was gegenwärtig schon wieder beim die Tarifautonomie gefährdenden gesetzlichen Mindestlohn als einem politischen Lohn dringend geboten ist), ob Verzicht auf Kranken- und Sterbegeld oder Kritik am Kartell der Krankenkassenverbände – stets meldete sich ein Verbandsfunktionär oder eine Funktionärin zu Wort, um ablehnenden Protest geltend zu machen.

Die ökonomischen Wirkungen dieser zäh verteidigten Gruppenprivilegien beschrieb der Ökonom Mancur Olson mit „institutionelle Sklerose". Das sklerotische ökonomische System erwies sich unter dem Druck des weltweiten Wettbewerbs als wenig anpassungsfähig, was bewirkte, dass allseits die Globalisierung als unverstandene Ursache beklagt wurde. Die tiefer liegende Ursache der Misere, die ungehemmte Klientelpolitik der politischen Klasse, wurde von dem Nobelpreisträger Friedrich August von Hayek vehement mit „Schacherdemokratie" kritisiert. Von ihr wendeten sich die Beherrschten verdrossen ab, wie Umfragen belegen, und kündigten den sie tragenden politischen Parteien die Mitgliedschaft auf.

Wird der Slogan „demokratischer Sozialismus" wörtlich genommen, so bedeutet er programmatisch, dass das ökonomische System sozialisiert und der Herrschaft der politischen Parteien unterworfen werden soll. Eine Sozialisierung wäre zunächst einmal grundgesetzwidrig, denn sie beinhaltete letztlich die Abschaffung der grundgesetzlich garantierten, eine marktwirtschaftliche Ordnung institutionalisierenden wirtschaftlichen Freiheitsrechte, einschließlich der Rechte, die das Privateigentum beinhaltet. Ferner bedeutet die Umsetzung von „demokratisch", dass das ökonomische Geschick des Landes dem parteipolitischen Schacher überantwortet würde mit der Folge, dass der wirtschaftliche „Niedergang der Nation" (Olson) programmiert wäre. Bei einer abschließenden Würdigung des betrachteten Slogans bleibt dem mahnenden Ökonomen nur, sich einer Feststellung des kenntnisreichen Sozialismuskritikers Hayek zu erinnern: „In der heutigen Welt kommt den Nationalökonomen die unglückliche und meist hoffnungslose Aufgabe zu, Illusionen zu zerstören."

11. Soziale Gerechtigkeit – ein ordnungspolitisches Ärgernis

von Manfred E. Streit (F.A.Z. vom 28.05.2008)

Ein Schlagwort geistert durch die Sprechblasen von Politikern und die Wahlkampfpamphlete von Parteien: soziale Gerechtigkeit. Wer fragt, was damit gemeint ist, kommt schnell zu dem Ergebnis, dass es sich um eine Leerformel handelt, die etwas Gutes zu signalisieren scheint und opportunistisch mit beliebigen Inhalten aufgefüllt werden kann. Inzwischen ist „soziale Gerechtigkeit" ein Ansatzpunkt für moralisches Empfinden, Erkennungsmerkmal des guten Menschen und Aushängeschild für ein gutes Gewissen geworden. Gleichwohl fällt es schwer, zu sagen, welche der unter diesem Banner verfochtenen, widersprüchlichen politischen Forderungen gelten sollen. Dennoch bezweifelt kaum jemand, dass das Schlagwort eine ganz bestimmte Bedeutung hat, ein hohes Ideal bezeichnet und auf schwere Mängel der bestehenden Wirtschafts- und Gesellschaftsordnung hinweist, die dringend eine Korrektur verlangen. Wegen seiner inhaltlichen Unbestimmtheit lässt sich mit diesem Gerechtigkeitskriterium nahezu jedes wirtschaftspolitische Korrekturbegehren begründen und moralisierend mit dem Tabu „sozial" belegen, welches das Begehren unstrittig macht. Deshalb ist es besonders gut geeignet, um Gruppenprivilegien oder wirtschaftliche Sondervorteile politisch einzuwerben. Daher gehört es zum festen Bestandteil des Vokabulars von Funktionären von Interessengruppen in Deutschland.

Ansatzpunkte für mit dem Schlagwort verbundene wirtschaftspolitische Forderungen sind wahrgenommene oder behauptete Unterschiede zwischen Markteinkommen und damit verbundene Unterschiede zwischen sozioökonomischen Positionen von Personen und Gruppen. Die Forderungen beruhen auf einem Motiv, welches sich konfliktträchtig durch die Geschichte der Menschheit zieht, dem Neid. Selbst geringe Unterschiede zwischen Markteinkommen lösen ihn aus. Nur wenig überzeugend wird er mit dem Hinweis auf Personen mit extrem niedrigen Einkommen, die Vorzeigearmen, relativiert, wohl eher bemäntelt. Politiker, die auf extrem hohe Einkommen klagend verweisen, verdrängen dabei meist ihre eigenen Einkünfte aus Nebentätigkeiten, Anwartschaften auf Übergangsgelder und erwartbare „Pensionen". Nur zu leicht lässt sich das Schlagwort zur politischen Forderung nach einer angleichenden Umverteilung bestehender Markteinkommen nutzen. Dabei ist eine Forderung nach Umverteilung ökonomisch schlicht unsinnig; denn in einer marktwirtschaftlichen Ordnung gibt es niemanden außer dem Staat als Zahler von Transfers, der Einkommen verteilt. Das in einer Periode von einer Person erzielte Markteinkommen wurde durch Markthandlungen einer Vielzahl anderer Marktteilnehmer mitbestimmt, die dabei aus Selbstinteresse bemüht waren, den Umständen Rechnung zu tragen, die sie für ihr Wirtschaften als wichtig erachteten und die nur sie kennen konnten.

Mit der Forderung nach angleichender Umverteilung wird an tiefwurzelnde Gefühle und Instinkte appelliert, an die Vorstellung von einem guten Hausvater, der die Einkommen in einer Kleingruppe nach Art und Umfang ausgleichend sowie nach Bedarf und Verdienst nach seiner persönlichen Kenntnis und Beurteilung der Umstände der Gruppenmitglieder verteilt. Die beschriebenen Motive und Instinkte der Menschen lassen sich nutzen, um für eine Angleichung sozio-ökonomischer Positionen politisch im Namen des Schlagworts zu werben. Gerade deshalb und wegen seiner inhaltlichen Unbestimmtheit eignet es sich vorzüglich dazu, ständig neue Forderungen zur Befriedigung von Gruppeninteressen zu erheben. Sein fortwährender Gebrauch wurde in Deutschland daran erkennbar, dass Gesetzesvorhaben mit einer sogenannten „sozialen Komponente“ zustimmungsfähig gemacht werden konnten. Vom Gesetzgeber mit guten Gründen angestrebte Veränderungen in individuellen Lebensumständen hatten aus dem gleichen Grund „sozial verträglich“ zu sein. Wer dies kritisierte, dem wurde „soziale Kälte“ entgegengehalten. Mit derartigen Gesetzen konnte auf parlamentarische Zustimmung gerechnet werden; denn mit der Begründung, sie förderten die „soziale Gerechtigkeit“, wurde an den genannten Atavismus appelliert, das heißt an die Anwendung von Gefühlen auf die ganze Gesellschaft, Gefühlen, die in grauer Vorzeit in der kleinen Gruppe oder Horde entwickelt wurden.

Die praktische Anwendung des Schlagwortes besteht darin, dass als ungleich Beurteiltes ungleich behandelt wird, um Gleichheit zu bewirken. Eine Ungleichbehandlung durch den Gesetzgeber ist aber nichts anderes als eine rechtliche Diskriminierung und damit ein Verstoß gegen den rechtsstaatlichen Grundsatz der Gleichheit der Gesetze für alle Personen und Fälle. Aufgrund dieser politischen Praxis dürfte auch der soziale Rechtsstaat des Grundgesetzes für diejenigen, die ihn für ihr Tun in Anspruch nehmen, ein Widerspruch in sich sein.

Der politische Missbrauch des Schlagwortes „soziale Gerechtigkeit“ zu Wahlkampfzwecken ist historisch belegbar. Die sogenannten sozialen Errungenschaften, die in der vergangenen Legislaturperiode Gegenstände von Reformbemühungen, weil nicht finanzierbar, waren, lassen sich, beginnend mit der Rentenversicherung von 1957 und endend mit der Pflegeversicherung von 1995, als Wahlgeschenke der jeweils regierenden Partei oder Koalition identifizieren. Reform bedeutet nunmehr, dass die Geschenke mühsam wieder eingesammelt, zumindest aber in ihrem Wert gemindert werden müssen. Für die so freigebige politische Klasse wird dies zum Ärgernis, weil ihr der Protest der Beschenkten Verluste an Wählerstimmen einbringt. Dabei wird die Verursachung des Reformbedarfs geflissentlich verschwiegen oder verdrängt.

Das zweite Ärgernis wiegt noch schwerer, wenn man der Begünstigung von Sonderinteressen im Namen des Schlagworts auf den Grund geht. Ökonomisch gesehen, beinhalten die politisch opportunen Begünstigungen von Sonderinteressen nichts anderes als Schutz vor Wettbewerb und Kompensation für Wettbewerbsfolgen. Wettbewerbswidrige staatliche Regulierungen beziehungsweise subventionsträchtige Strukturbeihilfen verschaffen den Begünstigten erwerbslose Einkommen oder Renten. Bezahlt wird von den Begünstigten und ihren Funktionären mit dem Versprechen von Wählerstimmen. Reformen sind in diesen Fällen nichts anderes als der Entzug geldwerter Vorteile mit einem politischen Grolleffekt als drohender Folge. Die ordnungstheoretisch bedeutsame Folge der Privilegien ist jedoch eine Schwächung des Wettbewerbs und seiner positiven Folgen für Wachstum und Beschäftigung.

Ordnungspolitisch betrachtet, ist das Schlagwort schließlich ein besonderes Ärgernis; denn es liefert die ideelle und argumentative Basis für Vertreter eines weichgespülten Sozialismus, der sich durch alle politischen Parteien zieht und bei der extremen Linken endet. Ignoriert wird von seinen Protagonisten die Erfahrung mit dem real existierenden Sozialismus, insbesondere in Deutschland. Nach dessen katastrophalem Zusammenbruch 1989 in der vormaligen DDR wurde sein erschreckendes Erbe an Unfreiheit (durch Stasi- Praktiken), ökonomischer Auszehrung (durch schrottreife Produktionsanlagen), Umweltschädigung (durch Uranerzbergbau) und verbreiteter Armut erkennbar, das selbst überzeugten Sozialisten die Sprache verschlug.

Jedoch hält sie dies nicht davon ab, weiterhin den untauglichen Ideen anzuhängen. Bezogen auf ihre Fixierung auf den wenig überzeugenden Grundsatz der Verteilungsgerechtigkeit, gilt wohl weiterhin die Warnung des Nobelpreisträgers der Ökonomik, Friedrich A. von Hayek: „Der Grundsatz, wenn er einmal eingeführt ist, wäre erst erfüllt, wenn die ganze Gesellschaft in Übereinstimmung mit ihm organisiert ist. Dies würde eine Art von Gesellschaft schaffen, die in allen wesentlichen Belangen das Gegenteil einer freien Gesellschaft wäre."

12. Die Soziale Marktwirtschaft heute: Ein gebrochenes Politikversprechen

von Manfred E. Streit (Veröffentlichung durch die Ludwig-Erhard-Stiftung: Orientierung 2008)

Nur zu leicht entsteht eine Begriffsverwirrung, die auch in Reden der Bundeskanzlerin und im ratifikationsbedürftigen EU-Vertrag sowie in Meinungsumfragen vorkommt. Darin werden die gegenwärtige Wirtschaftsordnung und die Soziale Marktwirtschaft gleichgesetzt. Nach ökonomischem Sprachgebrauch wird unter der Sozialen Marktwirtschaft eine wirtschaftspolitische Konzeption verstanden, also eine Generallinie oder angekündigte Richtschnur für wirtschaftspolitisches Handeln in einem marktwirtschaftlichen System. Es ist ein Verspechen der politisch Verantwortlichen, die mit der Konzeption verkündeten Ziele und ordnungspolitischen Grundsätze dauerhaft einzuhalten. Abgegeben wurde das Versprechen von der CDU mit den Düsseldorfer Grundsätzen am 15.06.1949. Im Wahlkampf 1972 hatten alle politischen Parteien der Bundesrepublik die Konzeption Soziale Marktwirtschaft als für sich verbindlich erklärt. Danach wurde das mit ihr abgegebene Versprechen in Sonntagsreden immer wieder erneuert. Heute, nach fast 6 Jahrzehnten, muss bedauernd festgestellt werden, dass das Versprechen von Anfang an durch politisches Tun oder Unterlassen mehrfach gebrochen wurde. Einige typische Beispiele belegen dies: die Wettbewerbspolitik, die Strukturpolitik, die Arbeitsmarktpolitik und die Sozialpolitik.

Bei dem Bemühen, „den Wettbewerb zur größten Wirksamkeit im Interesse des Verbrauchers zu bringen“, so A. Müller Armack, einer der Initiatoren der Konzeption und politischer Weggefährte Ludwig Erhards, dauerte es 8 Jahre, bis 1957 ein entsprechendes Gesetz gegen Wettbewerbsbeschränkungen (GWB) verabschiedet wurde. Weitere 16 Jahre vergingen, bis kaum zu bestreitende Mängel des GWB gegen den zähen Widerstand von Wirtschaftsverbänden wenigstens teilweise behoben wurden, obgleich sie schon vor der Verabschiedung des GWB erkannt worden waren.

In der Strukturpolitik wurde von Beginn an auf Druck der Verbände eine wenig überzeugende Subventionierung einzelner Wirtschaftszweige vorgenommen. Herausragende Belege hierfür sind die Landwirtschaft und die Montanindustrie. Der Subventionsbedarf der Landwirtschaft erwies sich aufgrund einer eklatant marktwidrigen Politik als ein Fass ohne Boden und tut dies heute noch. Kohle und Stahl wurden mit massiven Subventionen vor unstreitig überlegener Auslandskonkurrenz geschützt. In den Subventionsberichten der Bundesregierung firmieren sie wiederholt unter Erhaltungssubventionen. Hinsichtlich dieser Subventionsart urteilte einer der Befürworter der Konzeption, Wilhelm Röpke: „sie werden umso eher zu billigen sein, je mehr es Ziel ist, lediglich die notwendige Anpassung eines Wirtschaftszweiges an neue Verhältnisse zu erleichtern (Anpassungsintervention)“. Wie wenig erfolgreich die Anpassung betrieben wurde, zeigte der Schrumpfungsprozess in der Montanindustrie.

Der jüngste Bruch des Politikversprechens ist das sog. Mindestarbeitsbedingungengesetz, das in Branchen gelten soll, in denen keine ausreichende tarifvertragliche Bindung besteht. Es ist ein listig begründeter Schritt hin zu allgemeinverbindlichen gesetzlichen Mindestlöhnen also zu einer staatlichen Lohnfestsetzung, die gegen die grundgesetzlich garantierte Tarifautonomie verstößt. Nach vielem Hin und Her wurde das Gesetz, die Konzeption ignorierend, von den verantwortlichen Ministern schönfärbend erläutert.

Für die Konzeption zentral war der Vorschlag von Müller Armack, „den sozialen Ausgleich" mit der „Freiheit auf dem Markte" zu verbinden. Der soziale Ausgleich erwies sich als politisch attraktive Losung für einen jahrzehntelangen Missbrauch der Sozialpolitik zu Wahlkampfzwecken. Im Namen des fragwürdigen Ziels der sozialen Gerechtigkeit wurde ein kostspieliges System der sozialen Sicherung errichtet, das von einer undurchschaubaren und wuchernden Bürokratie verwaltet wird. Teile des Systems werden finanziell durch Quersubventionen des Bundes alimentiert. Das trug zu einem Anwachsen der Staatsverschuldung und einem Verstoß gegen den Konzeptionsgrundsatz der „Stabilität des Haushalts" (Müller Armack) bei, ohne dass die strukturellen Mängel des praktizierten Sozialstaats behoben wurden. Die wuchernden, sozialpolitisch begründeten Transferzahlungen sollten vor einigen Jahrzehnten von einer sog. Transferkommission durchforscht werden. Ihr Ergebnis war eine Transferillusion. Den Empfängern von Transferzahlungen war nicht bewusst, dass sie letztlich die erhaltenen Leistungen selbst zu bezahlen hatten.

Der Missbrauch der Sozialpolitik zu Wahlkampfzwecken äußert sich in einem unerfreulichen Zusammenwirken von Verbandsfunktionären und politisch Verantwortlichen zu Lasten der Allgemeinheit. Die Belastung der Allgemeinheit schlägt sich in einer steigenden Quote an Steuern, Gebühren und Beiträgen sowie einer wachsenden Regulierungsdichte nieder, von der nahezu alle Lebensbereiche der Gesellschaft erfasst werden. Rund 14000 Verbände und Dachverbände bieten ihre keineswegs uneigennützigen Dienste bei der Regulierung und Gesetzgebung an. Schon 1960 warnte Theodor Eschenburg vor einer „Herrschaft der Verbände". Ein Beispiel für diese Herrschaft ist das Gesundheitswesen. Über Jahrzehnte hinweg entwickelte es sich zu einem mehrstufigen, schwer durchschaubaren, wettbewerbswidrigen und bürokratisch aufgeblasenen Koloss. Auf seinen Stufen, von den Apotheken über die ärztliche Versorgung bis zu den Krankenkassen wird es durch staatlich tolerierte Kartelle kontrolliert, die unter dem Einfluss von Verbänden stehen. Politische Versuche, die Kostenentwicklung des Systems und mit ihr die Beitragslasten für seine Nutzer durch Begünstigung von Wettbewerb zu steuern, scheiterten am zähen Widerstand der Verbände. Diese mit so genannten konzertierten Aktionen in politische Vorhaben einzubinden, führte zu kaum mehr, als unverbindlichen Formelkompromissen, die mit medienwirksamen Aufwand von den beteiligten Politikern und Verbandsfunktionären zur Selbstdarstellung genutzt wurden. Das durch Regulierungen und marktwidrige Interventionen verkrustete Wirtschaftssystem muss bei vielen Skepsis und Mangel an Akzeptanz verursachen. Das kann als Reaktion darauf betrachtet werden, dass das mit der Sozialen Marktwirtschaft abgegebene politische Versprechen vielfach gebrochen wurde. Die ökonomischen Folgen davon haben alle zu tragen. Die verbreitete Politikverdrossenheit kommt also nicht von ungefähr. Was bleibt, ist ein verbreitetes Unbehagen an der erfahrenen Wirtschaftsordnung, die nur zu leicht mit der Konzeption der Sozialen Marktwirtschaft verwechselt wird. Wenn dennoch schwindende Akzeptanz Unbehagen an der erfahrenen Wirtschaftsordnung beobachtet werden kann, so ist es die Reaktion auf die wenig durchschaubaren Folgen eines jahrzehntelangen Bruches des Politikversprechens, genannt Soziale Marktwirtschaft.